願望	推量	推量	推定	推定	推定	打消推量	定	定	了	況	況
	終止形						言体形				
たし	べし	らむ〈らん〉	らし	めり	なり	まじ	なり	たり	り	ごとし	やうなり
33	25	26	27	27	27	29	30	30	23	33	33
願望（…タイ、…テホシイ）	推量（…ニチガイナイ、…ソウダ、…ダロウ）意志（…ウ、…ヨウ、…ツモリダ）適当（…ノガヨイ、…ノガ適当ダ）当然・義務（…ハズダ、…ナケレバナラナイ、…ベキダ）強い勧誘・命令（…ベキダ、…セヨ）可能（…デキル、…デキルハズダ）	現在推量（今ゴロハ…テイルダロウ）現在の原因推量（…ノダロウ、…ダカラダロウ、〈ドウシテ〉…テイルノダロウ）現在の伝聞（…トカイウ、…ソウダ）現在の婉曲（…ヨウナ）	推定（…ラシイ、…ニチガイナイ）	推定（…ヨウニ見エル、…ヨウダ）婉曲（…ヨウダ）	推定（…ヨウダ、…ラシイ、…ニチガイナイ）伝聞（…トイウコトダ、…ト聞イテイル、…ソウダ）	打消推量（…ナイダロウ、…マイ）打消意志（…マイ、…ナイツモリダ）禁止・不適当（…テハナラナイ、…ナイホウガヨイ）打消当然（…ベキデハナイ、…ハズガナイ）不可能推量（…デキナイダロウ、…デキソウニナイ）	断定（…ダ、…デアル）存在（…ニアル）	断定（…ダ、…デアル）	存続（…テイル、…テアル）完了（…タ、…テシマッタ）	比況（…ヨウダ、…ト同ジダ）例示（タトエバ…ノヨウダ、タトエバ…ナドダ）	比況（…ヨウダ、…ト同ジダ）例示（タトエバ…ノヨウダ、タトエバ…ナドダ）様子・状態（…様子ダ、…状態ダ、…ヨウダ）婉曲（…ヨウダ）
たから	べく べから	○	○	○	○	まじく （まじから）	なら	たら	ら	ごとく	やうなら
たかり	べく べかり	○	○	（めり）	なり	まじく まじかり	なり に	たり と	り	ごとく	やうなり やうに
	べし	らむ〈らん〉	らし	めり	なり	まじ	なり	たり	り	ごとし	やうなり
	べき べかる	らむ〈らん〉	らし （らしき）	める	なる	まじき まじかる	なる	たる	る	ごとき	やうなる
	べけれ	らめ	らし	めれ	なれ	まじけれ	なれ	たれ	れ	○	やうなれ
○	○	○	○	○	○	○	（なれ）	（たれ）	（れ）	○	○
形容詞型	形容詞型	四段型	特殊型	ラ変型	ラ変型	形容詞型	形容動詞型		ラ変型	形容詞型	形容動詞型
「さす」の連用形	活用語の終止形（ラ変・ラ変型の活用語には連体形に接続）＊ラ変型の活用語…形容詞（カリ活用）・形容動詞・ラ変型活用の助動詞						体言・活用語の連体形（一部の助詞や副詞にも接続）	体言	サ変の未然形・四段の已然形（四段については命令形に接続するという説もある）	体言・活用語の連体形・格助詞「が」「の」	活用語の連体形・格助詞「が」「の」

助動詞用語解説&インデックス

＊五十音順。
＊数字はページを表す。

本書をお使いになるみなさんへ

みなさんはふだん本を読むときに、動詞の活用や助動詞の意味を気にしていますか。現在使っている言葉で書かれたものであれば、文法など気にかけずに本の世界に入り込み、その中身を楽しんでいるのではないでしょうか。しかし、千年前の平安時代に書かれたものを読もうとすると、現在使われていない言葉があったりして、書いてあることがすぐには理解できません。古文にもおもしろい話やためになる教訓がたくさんあるというのに、中身にまで迫るのは難しいのです。

そこで、古文を読むときは、面倒でも一文一句の意味を確認していくことになります。現代人はこの作業を経て初めて中身を読み味わうことができるのですね。古典文法は、習得そのものが目的なのではなく、古文を読むために必要な道具なのだと割り切るのもいいでしょう。必要なものだからできるだけ効率よく身につけてほしい、そして古文を楽しく読めるようになってほしい、本書はそんな思いをこめて作りました。

【本書の特色】

一　**1項目1ページ**（原則）に簡潔にまとめ、書き込みスペースを十分にとった、取り組みやすいワークノートとして編集しました。

二　各ページは、上段の**基本事項の整理**と下段の**練習問題**とで構成しました。

三　上段は、文法のテキストから最小限の覚えるべきことを取り出してまとめました。空欄に**書き込みながら基本事項を整理**できるようになっています。

四　下段には、上段の内容を確認するための基本的な練習問題を用意しました。例文は教科書に採録されている**有名作品（箇所）**を中心に選び、**傍訳**を付して取り組みやすくしています。

五　注意すべき用法などの留意点を、**コラム**の形で示しました。

六　動詞・助動詞・助詞については、各章の終わりに**総合練習**を見開き2ページで用意しました。

七　表見返しの**文語助動詞活用表**、裏見返しの**文語動詞活用表**、**文語助詞の意味・用法・接続**、**上代の助動詞活用表**、**上代の助動詞の意味・用法・接続**は、詳しいものを用意しました。

八　**解答解説編**（B5判・56ページ）には、上段の**基本事項の整理を再録**し、練習問題の正解と詳しい解説をあげています。

目次

文法入門

動詞

形容詞・形容動詞

助動詞

古文と現代文の違い　1

基本事項の整理　空欄に適語を補って整理しよう。

古文と現代文

・古文に使われている言葉を〔　　〕語（古語）という。
・現在使われている言葉を〔　　〕語（現代語）という。

古文の特色

❶仮名遣いが異なる。（参2 歴史的仮名遣い）

〔　　〕時代中期ごろの用例を基準とする、歴史的仮名遣いで書かれている。

・現在使われない仮名「**ゐ・ゑ**」がある。
・現在あまり使われない仮名「**ぢ・づ**」や「**を**」が使われる。
・「いはふ」（祝う）のように、「**は・ひ・ふ・へ・ほ**」が使われる。

❷言葉や、言葉の意味が異なる。

・現在は使われなくなった言葉がある。
例 前栽《せんざい》……「庭先に植えた草木・植え込み」の意。
例 貴《あて》なり……「高貴だ・上品だ」の意。
・現在使われているが、意味が異なる言葉がある。
例 遊び……古文では「管弦《かんげん》の遊び」をいうことが多い。
例 おどろく……古文では「目を覚ます」の意味がある。

❸文法が異なる。

・係り結びの法則がある。（参37 係助詞①）
・主語や助詞などの省略が多くある。
・活用のしかたが異なる。

一 五十音図をひらがなとカタカナで書け。

五十音図の行と段は、動詞の活用を覚えるのに重要！

←段　行↓

あ									
い									
う									
え									
お									

ア									
イ									
ウ									
エ									
オ									

二 次の古文とその口語訳について、古文に特有の仮名遣いに傍線を付し、□の古語に対応している訳語を□で囲め。

をのこごの、こゑはをさなげにて［ふみ］読みたる、［いと］［うつくし］。（枕草子・うつくしきもの）

男の子が、声は子供っぽい感じで漢籍を読んでいるのは、とてもかわいらしい。

2 歴史的仮名遣い

基本事項の整理 空欄に適語を補って整理しよう。

歴史的仮名遣いの読み方

❶語中・語尾の「は・ひ・ふ・へ・ほ」は、［　　］・［　　］・［　　］・［　　］・［　　］と発音する。

例 よはひ(齢)→ヨワイ　かへで(楓)→カエデ　なほ(猶)→ナオ

◆語頭に「は・ひ・ふ・へ・ほ」のある語が他の語に付いて複合語となった場合を除く。

例 あさひ(朝日)→アサヒ　なきふす(泣き伏す)→ナキフス

❷「ゐ・ゑ・を」は［　　］・［　　］・［　　］と発音する。

例 ゐる(率る)→イル　すゑ(末)→スエ　をり(折)→オリ

❸「ぢ・づ」は［　　］・［　　］と発音する。

例 もみぢ(紅葉)→モミジ　よろづ→ヨロズ

❹次のように母音が重なる場合は、長音で発音する。

あう→オー　例 まうす(申す)→モース

いう→ユー　例 いうえん(優艶)→ユーエン

えう→ヨー　例 たせう(多少)→タショー

おう→オー　例 そう(僧)→ソー

◆「あふ・いふ・えふ・おふ」も同じ。

❺助動詞「む」などの「む」は、［　　］と発音する。

例 書かむ→カカン　書きけむ→カキケン　◆助動詞「しむ」は除く。

❻「くわ・ぐわ」は［　　］・［　　］と発音する。

例 くわんぱく(関白)→カンパク　ぐわいせき(外戚)→ガイセキ

一 次の歴史的仮名遣いの語を、ひらがなで現代仮名遣いに改めよ。

1 かは(川)　2 わらひ(笑ひ)　3 つかふ(使ふ)

4 うへびと(上人)　5 かほ(顔)　6 はつはる(初春)

1	2	3
4	**5**	**6**

二 次の歴史的仮名遣いの語を、ひらがなで現代仮名遣いに改めよ。

1 ゐん(院)　2 ゑしやく(会釈)　3 をがむ(拝む)

4 ひとすぢ(一筋)　5 いづも(出雲)　6 あづまぢ(東路)

1	2	3
4	**5**	**6**

三 次の歴史的仮名遣いの語の読み方を、カタカナと長音記号(ー)で記せ。

1 からうじて(辛うじて)　2 いふ(言ふ)　3 てうど(調度)

4 けふ(今日)　5 おほぢ(大路)　6 おうず(応ず)

1	2	3
4	**5**	**6**

基本事項の整理 空欄に適語を補って整理しよう。

言葉の単位

文章
← 文 ← 文
← 文節 ← 文節 ← 文節 ← 文節
← 単語 ← 単語 ← 単語 ← 単語 ← 単語 ← 単語 ← 単語

文章〔　　　〕が集まって、一つのまとまった思想や感情を表現したもの。
文 書くときに〔　　　〕（。）を付けて区切る、ひとまとまりの表現。
文節 文を、音読するとき不自然にならない範囲で区切った単位。
単語 意味を持った言葉の最小単位。

自立語と付属語

単語 ┬ 単独で文節になることができる……〔　　　〕語
　　　└ 単独で文節になることができない…〔　　　〕語

体言と用言

自立語 ┬ 活用がなく、単独で主語になる…〔　　　〕言（名詞）
　　　　└ 活用があり、単独で述語になる…〔　　　〕言（動詞・形容詞・形容動詞）

文節の分け方

❶「ネ」を入れてみる。
❷自立語は一文節中に一つしかない。
❸自立語は文節のはじめにくる。
❹付属語は一文節中に二つ以上あることがある。

例 かぐや姫（自）｜が（付）ネ／月（自）｜に（付）ネ／帰る（自）ネ／時（自）｜が（付）ネ／来（自）｜た（付）｜の（付）｜だ（付）。

一 次の文を文節に区切り、例にならって／（斜線）で示せ。

黄金《こがね》ある竹を見つくること重なりぬ。（竹取物語・おひたち）

黄金の入った竹を見つけることがたび重なった。

黄金／ある竹を見つくること重なりぬ。

二 **一**の文を単語に区切り、例にならって／（斜線）で示せ。

黄金／ある竹を見つくること重なりぬ。

三 **二**の単語を自立語と付属語に分け、例にならって「自」「付」で示せ。

黄金（自）／ある竹を見つくること重なりぬ。

四 **三**の自立語から、体言と用言をそれぞれすべて抜き出せ。

体言	用言

4 品詞

基本事項の整理　空欄に適語を補って整理しよう。

品詞分類表

単語
- 自立語
  - 活用する（述語となる〔　　〕言）
    - ウ段で言い切る* …… 動詞
    - 「し」で言い切る …… 形容詞
    - 「なり」「たり」で言い切る …… 形容動詞
  - 活用しない
    - 主語となる ―〔　　〕言 …… 名詞
    - 主語とならない
      - 修飾語となる
        - 用言を修飾 …… 副詞
        - 体言を修飾 …… 連体詞
      - 修飾語とならない
        - 接続する …… 接続詞
        - 接続しない …… 感動詞
- 付属語
  - 活用する …… 助動詞
  - 活用しない …… 助詞

*ラ変動詞は「り」で言い切る。

自立語の八品詞

〔　　〕詞　**動作**・作用・存在を表す。

形容詞　状態・性質・感情を表す。

形容動詞　状態・性質を表す。

〔　　〕詞　事物の**名前**を表す。

〔　　〕詞　**体言**を修飾する。

副詞　用言を修飾する。

〔　　〕詞　前後の文章や文、文節を**つなぐ**。

〔　　〕詞　**感動**・呼びかけ・応答などを表す。

一　次の語群とその品詞を線で結べ。

1 馬・枕草子・我　・		・動詞
2 走る・食ふ・見る　・		・形容詞
3 豊かなり・荒涼たり　・		・形容動詞
4 暑し・うれし・苦し　・		・名詞
5 けり・たり・む　・		・副詞
6 あらゆる・さんぬる　・		・連体詞
7 されども・ただし　・		・接続詞
8 たちまち・少し・たとひ　・		・感動詞
9 ああ・いざ・いや　・		・助動詞
10 が・の・て・のみ　・		・助詞

二　次の文章を単語に分け、例にならって品詞を答えよ。

南ははるかに野の方《かた》見やらる。東《ひむがし》、西は海近くて、いとおもしろし。
（更級日記《さらしなにっき》・門出）

南ははるか遠く野原のほうがおのずから眺められる。東と西のほうは海が近くて、たいそう景色が美しい。

南／は　は　る　か　に　野　の　方　見　や　ら　る。
名詞

東、　西　は　海　近　く　て、　い　と　お　も　し　ろ　し。

基本事項の整理　空欄に適語を補って整理しよう。

活用

・「泣かず。」「泣く。」「泣けども、」のように、語形が変化することを〔　　〕といい、変化したそれぞれの形を活用形という。
・活用するとき変化しない「な(泣)」を〔　　〕といい、変化する「か」「く」「け」を、〔　　〕という。

活用形の種類

文語	名称の意味（基本的用法）		口語
〔　　〕形	**未**《いま》だ実現していない。	↓	未然形
〔　　〕形	**用**言に**連**なる。	↓	連用形
〔　　〕形	言い切って**終止**する。**基本形。**	↓	終止形
〔　　〕形	**体**言に**連**なる。	↓	連体形
〔　　〕形	**已**《すで》に実現している。	↓	**仮定形**
〔　　〕形	**命令**して終止する。	↓	命令形

動詞の活用の種類

文語〔　　〕種類			口語〔　　〕種類
四段活用	下一段活用	↓	五段活用
ナ行変格活用	ラ行変格活用		
上一段活用	上二段活用	↓	上一段活用
下二段活用		↓	下一段活用
カ行変格活用		↓	カ行変格活用
サ行変格活用		↓	サ行変格活用

一 傍線部の動詞の⑴語幹と⑵活用語尾を、例にならってひらがなで答えよ。

1 勝たむ(例)と打つ(①)べからず。負けじ(②)と打つべきなり。（徒然草・一一〇段）
（双六《すごろく》に勝つには、）勝とうと思って打ってはならない。負けまいと思って打たなければならないのである。

2 七つあらむ(③)軟挺《なんてい》を尋ね(④)て取る(⑤)べし。（沙石集《しゃせきしゅう》・巻九ノ三）
七枚あるような銀貨を探して取りなさい。

	⑴	⑵
例	か	た
①		
②		
③		
④		
⑤		

二 次の1～4は、動詞「話す」を活用させたものである。その活用形名を答えよ。

1 話さず（話さない）　話さば（もし話すなら）　話さむ（話そう）
2 話し続く（話し続ける）　話したり（話している）　話しけり（話した）
3 話す時　話すこと　話すは楽し（話すのは楽しい）
4 話せども（話すけれども）　話せば（話すので）

1	
2	
3	
4	

6 四段活用

基本事項の整理 空欄および活用表に適語を補って整理しよう。

名称

五十音図の五つの段のうち、ア・イ・ウ・エの〔　　　〕段に活用する動詞を、〔　　　〕**段活用動詞**という。

活用のしかた

次のような活用表を使って、活用のしかたを覚えよう。

基本形＝終止形
活用するとき変化しない部分
活用するとき変化する部分（六活用形）
活用する行

基本形	語幹	未然形	連用形	終止形	連体形	已然形	命令形	行
活用する段		a	i	u	u	e	e	
書く	か	か	き	く	く	け	け	カ行
読む								
下に続く主な語		ず	たり	(終止)	時	ども	(命令)	

「書かず・書きたり・書く。・書く時・書けども・書け。」と、活用形に続けて覚えよう。

四段活用の見分け方

打消の助動詞「ず」を付けて、未然形活用語尾が〔　　　〕段になれば、四段活用。（ナ変とラ変は別途覚える。）

例 騒ぐ→騒〔　　〕ず　果たす→果た〔　　〕ず
持つ→持〔　　〕ず　歌ふ→歌〔　　〕ず
並ぶ→並〔　　〕ず　走る→走〔　　〕ず

一 次の動詞の活用表を完成させよ。

基本形	語幹	未然形	連用形	終止形	連体形	已然形	命令形	行
急ぐ								
隠す								
立つ								
養ふ								
知る								
下に続く主な語		ず	たり	(終止)	時	ども	(命令)	

二 傍線部の動詞の基本形（終止形）を答えよ。

1 東《あづま》の方《かた》に住む①べき国求めにとて行き②けり。（伊勢物語・九段）

東国のほうに住むのによい国を探しに（行こう）と考えて行った。

2 喜び③て待つ④に、たびたび過ぎぬれば、（伊勢物語・二三段）

喜んで待ったが、何度もすっぽかされてしまったので、

①	②	③	④

基本事項の整理　空欄および活用表に適語を補って整理しよう。

名称

五十音図の五つの段のうち、イ・ウの〔　　〕段に活用する動詞を、〔　　〕段活用動詞という。

活用のしかた

基本形	語幹	活用語尾 未然形	連用形	終止形	連体形	已然形	命令形	行
活用する段		i	i	u	uる	uれ	iよ	
起《お》く	お	き	き	く	くる	くれ	きよ	カ行
延《の》ぶ								
下に続く主な語		ず	たり	(終止)	時	ども	(命令)	

上二段活用の見分け方

打消の助動詞「ず」を付けて、未然形活用語尾が〔　　〕段になれば、上二段活用。（上一段活用は別途覚える。）

例　過《す》ぐ→過〔　〕ず　　落《お》つ→落〔　〕ず
恥《は》づ→恥〔　〕ず　　恋《こ》ふ→恋〔　〕ず
恨《うら》む→恨〔　〕ず　　懲《こ》る→懲〔　〕ず

一　次の動詞の活用表を完成させよ。

基本形	語幹	活用語尾 未然形	連用形	終止形	連体形	已然形	命令形	行
朽《く》つ								
閉《と》づ								
生《お》ふ								
報《むく》ゆ								
下《お》る								
下に続く主な語		ず	たり	(終止)	時	ども	(命令)	

二　傍線部の動詞の活用形を答えよ。

1 宵《よひ》①過ぐるほど、少し寝入り給へるに、（源氏物語・夕顔）

宵が過ぎた時分に、（光源氏は）少し寝入りなさったところ、

2 こはき者まづ②滅ぶ。（徒然草・二一一段）

強い者は真っ先に滅ぶ。

3 松柏《しょうはく》年③古《ふ》り、土石《どせき》④老いて、（奥の細道・立石寺《りゅうしゃくじ》）

松などの常緑樹は年数を経て老木となり、土や石も時代がついて古びて、

①	②	③	④

8 下二段活用

基本事項の整理 空欄および活用表に適語を補って整理しよう。

名称

五十音図の五つの段のうち、ウ・エの〔　　〕段に活用する動詞を、〔　　〕**段活用動詞**という。

活用のしかた

基本形	語幹	未然形	連用形	終止形	連体形	已然形	命令形	行
活用する段		e	e	u	uる	uれ	eよ	
預《あづ》く	あづ	け	け	く	くる	くれ	けよ	カ行
失《う》す								
下に続く主な語		ず	たり	(終止)	時	ども	(命令)	

下二段活用の見分け方

打消の助動詞「ず」を付けて、未然形活用語尾が〔　　〕段になれば、下二段活用。（下一段活用・サ変は別途覚える。）

例 捨《す》つ→捨〔　　〕ず　迎《むか》ふ→迎〔　　〕ず
眺《なが》む→眺〔　　〕ず　聞《き》こゆ→聞こ〔　　〕ず
枯《か》る→枯〔　　〕ず　飢《う》う→飢〔　　〕ず

一 次の動詞の活用表を完成させよ。

基本形	語幹	未然形	連用形	終止形	連体形	已然形	命令形	行
得《う》	(う)							
逃《に》ぐ								
連《つら》ぬ								
消《き》ゆ								
植《う》う								
下に続く主な語		ず	たり	(終止)	時	ども	(命令)	

二 傍線部の動詞の基本形（終止形）を答えよ。

1 ①開けて見れば、煙《けぶり》②出《い》でて、空に上りぬ。（俊頼髄脳《としよりずいのう》・浦島のこ）

（ふたを）開けて見ると、煙が出て、空に上った。

2 月明ければ、いとよくありさま③見ゆ。（土佐日記・二月十六日）

月が明るいので、とてもよく様子が見える。

3 通《かよ》ひ路《ぢ》に、夜《よ》ごとに人を④据《す》ゑて守らせければ、（伊勢物語・五段）

通い路に、毎夜番人を置いて見張らせたので、

①	②	③	④

9 上一段活用・下一段活用

基本事項の整理 空欄および活用表に適語を補って整理しよう。

名称

・イ段の一段のみに活用する動詞を、**上一段活用動詞**という。
・エ段の一段のみに活用する動詞を、**下一段活用動詞**という。

活用のしかた

上一段活用

基本形	語幹	活用語尾 未然形	連用形	終止形	連体形	已然形	命令形	行
見《み》る	(み)							マ行
活用する段		i	i	iる	iる	iれ	iよ	
下に続く主な語		ず	たり	(終止)	時	ども	(命令)	

下一段活用

基本形	語幹	活用語尾 未然形	連用形	終止形	連体形	已然形	命令形	行
蹴《け》る	(け)							カ行
活用する段		e	e	eる	eる	eれ	eよ	
下に続く主な語		ず	たり	(終止)	時	ども	(命令)	

上一段活用・下一段活用の見分け方

・上一段活用は十数語しかないので暗記する。
ひいきにみゐーる……干《ひ》る・射《い》る・着《き》る・似《に》る・見《み》る・居《ゐ》る
(＋複合語) 鋳《い》る 煮《に》る 率《ゐ》る
・下一段活用は「　」一語のみなので暗記する。

一 次の動詞の活用表を完成させよ。

基本形	語幹	活用語尾 未然形	連用形	終止形	連体形	已然形	命令形	行
着る								
似る								
干《ひ》る								
射《い》る								
率《ゐ》る								
鑑《かんが》みる								
率《ひき》ゐる								
蹴る								
下に続く主な語		ず	たり	(終止)	時	ども	(命令)	

二 次の動詞の中から上一段活用動詞をすべて選び、番号で答えよ。

1 荒る　2 切る　3 煮る　4 降《お》る　5 干《ほ》す
6 見ゆ　7 顧《かへり》みる　8 鋳《い》る　9 居《ゐ》る　10 居《を》り

10 カ行変格活用・サ行変格活用

基本事項の整理 空欄および活用表に適語を補って整理しよう。

名称

・〔　　〕行の三段に活用する動詞を、**カ行変格活用（略してカ変）動詞**という。
・〔　　〕行の三段に活用する動詞を、**サ行変格活用（略してサ変）動詞**という。

活用のしかた

カ行変格活用

基本形	語幹	活用語尾 未然形	連用形	終止形	連体形	已然形	命令形	行
来《く》	（く）							カ行
下に続く主な語		ず	たり	（終止）	時	ども	（命令）	

サ行変格活用

基本形	語幹	活用語尾 未然形	連用形	終止形	連体形	已然形	命令形	行
す	（す）							サ行
下に続く主な語		ず	たり	（終止）	時	ども	（命令）	

カ変・サ変の見分け方

・カ変動詞は〔　　〕一語のみなので暗記する。
・カ変動詞には、「出《い》で来《く》」「帰《かへ》り来《く》」などの複合動詞もある。
・サ変動詞は〔　　〕〔　　〕の二語のみなので暗記する。
・サ変動詞には、「死す」「旅す」「御覧ず」などの複合動詞もある。

一 次の動詞の活用表を完成させよ。

基本形	語幹	活用語尾 未然形	連用形	終止形	連体形	已然形	命令形	行
持て来								
越え来								
おはす								
案ず								
下に続く主な語		ず	たり	（終止）	時	ども	（命令）	

二 次の傍線部の「来」の読みをひらがなで答えよ。

1 男君《をとこぎみ》の来①ずなりぬる、いとすさまじ。（枕草子・すさまじきもの）

男婿が通って来なくなってしまったのは、たいそう興ざめだ。

2 木の実を、子どもも我も引き連れて持て来②。（宇津《う》保《つほ》物語・俊蔭《としかげ》）

木の実を、子猿たちも自分（＝親猿）もみな連れ立って（仲忠親子の所へ）持って来る。

3 楓《かへで》の木、二《ふた》またに、これほど、しかしか切りて来③。（十訓抄《じっきんしょう》・巻上）

楓の木を、二またに、これくらい、こうこう切って来い。

①	②	③

ナ行変格活用・ラ行変格活用　11

基本事項の整理　空欄および活用表に適語を補って整理しよう。

名称

・〔　　〕行の四段に活用する動詞を、**ナ行変格活用（略してナ変）動詞**という。

・〔　　〕行の四段に活用し、基本形が〔　　〕段になる動詞を、**ラ行変格活用（略してラ変）動詞**という。

活用のしかた

ナ行変格活用

基本形	語幹	未然形	連用形	終止形	連体形	已然形	命令形	行
		活用語尾						
死ぬ	**し**							**ナ行**
下に続く主な語		ず	たり	（終止）	時	ども	（命令）	

ラ行変格活用

基本形	語幹	未然形	連用形	終止形	連体形	已然形	命令形	行
		活用語尾						
あり	**あ**							**ラ行**
下に続く主な語		ず	たり	（終止）	時	ども	（命令）	

ナ変・ラ変の見分け方

・ナ変動詞は〔　　〕〔　　〕の二語のみなので暗記する。

・ラ変動詞は〔　　〕〔　　〕〔　　〕「いまそ（す）かり」の四語のみなので暗記する。

・ラ変動詞には、「しかり」（しか＋あり）などの複合動詞もある。

一　次の動詞の活用表を完成させよ。

基本形	語幹	未然形	連用形	終止形	連体形	已然形	命令形	行
		活用語尾						
往《い》ぬ								
居《を》り								
侍《はべ》り								
下に続く主な語		ず	たり	（終止）	時	ども	（命令）	

二　次の傍線部の動詞の活用形を答えよ。

1 一人、二人、すべり出《い》でて往ぬ①。（枕草子・すさまじきもの）

一人、二人と、（邸《やしき》を）すべり出て行ってしまう。

2 人死な②ざる日はあるべからず。（徒然草・一三七段）

人が死なない日はあるはずがない。

3 才《ざえ》あり③とて頼むべからず。（徒然草・一二一段）

学才がある（から）といって（それは）頼みにできない。

4 この浦の三島《みしま》に侍る④翁《おきな》なり。（大鏡・実頼《さねより》伝）

（私は）ここの海辺の三島という所におります年寄りです。

①	②	③	④

12 補助動詞・音便

基本事項の整理　空欄に適語を補って整理しよう。

補助動詞　動詞本来のはたらきを失い、**他の語に付いて補助のはたらきをする動詞**を〔　　〕という。

補助動詞の種類

❶動詞＋助詞「て」に付いて、「……(て)ある」の意を表す。

例 書きて**あり**。　書いて**ある**。

❷動詞に付いて、尊敬・謙譲・丁寧の意を表す。

例 書き**給ふ**。　お書き**になる**。

❸形容詞・形容動詞・打消の助動詞「ず」・推量の助動詞「べし」・断定の助動詞「なり」(＋助詞)に付いて、「……ある」の意を表す。

例 悪くは**あれ**ど、　悪くは**ある**が、

例 書くにこそ**あれ**。　書くので**ある**。

音便　発音しやすいように**音が変化する**ことを〔　　〕という。

イ音便	書きて→書〔　〕て	書きたり→書〔　〕たり
ウ音便	縫ひて→縫〔　〕て	縫ひたり→縫〔　〕たり
撥音便《はつおんびん》	遊びて→遊〔　〕で あるなり→あ(ん)なり	遊びたり→遊〔　〕だり あるめり→あ(ん)めり
促音便《そくおんびん》	寄りて→寄〔　〕て	寄りたり→寄〔　〕たり

◆ラ変動詞の撥音の「ん」は表記されないことが多いが、読むときはン音を補って読む。

◆促音の「っ」は「つ」と大きく表記される。

一 次の傍線部のうち、補助動詞の用法であるのはどちらか。それぞれ番号で答えよ。

A

1 ありし雀《すずめ》の来るにや<u>あらむ</u>①。（宇治拾遺物語・四八）

いつかの雀が来たのであろうか。

2 何の疑ひ<u>あらむ</u>②。（竹取物語・火鼠《ひねずみ》の皮衣《かわぎぬ》）

何の疑いがあろうか、疑いなく本物です。

〔　　〕

B

1 千両の金《こがね》を得むとす。それを<u>奉らむ</u>①。（宇治拾遺物語・一九六）

(後日)千両の金が手に入るはずだ。それを(あなたに)差し上げよう。

2 情けなうも討ち<u>奉る</u>②ものかな。（平家物語・敦盛最期《あつもりのさいご》）

非情にもお討ち申し上げることよ。

〔　　〕

二 次の傍線部について、(1)音便の種類と(2)もとの形を答えよ。

1 五智院《ごちゐん》の但馬《たぢま》、大長刀《おほなぎなた》の鞘《さや》を<u>はづいて</u>①、ただ一騎橋の上にぞ<u>進んだる</u>②。（平家物語・橋合戦《はしがっせん》）

五智院の但馬は、大長刀の鞘をはずして、ただ一騎橋の上に進んだ。

2 石田が郎等《らうどう》二人《ににん》<u>落ち合うて</u>③、つひに木曽殿の首をば<u>取つてんげり</u>④。（平家物語・木曽最期《きそのさいご》）

石田の郎等が二人(駆けつけて)落ち合って、とうとう木曽殿の首を取ってしまった。

①	(1)		(2)
②	(1)		(2)
③	(1)		(2)
④	(1)		(2)

13 動詞総合練習

一 次の動詞の活用表を完成させ、活用する行と活用の種類を答えよ。

基本形	語幹	活用語尾 未然形	活用語尾 連用形	活用語尾 終止形	活用語尾 連体形	活用語尾 已然形	活用語尾 命令形	活用する行と活用の種類
言ふ								
老《お》ゆ								
上ぐ								
経《ふ》								
居る								
蹴る								
出で来								
感ず								
去《い》ぬ								
しかり								
下に続く主な語		ず	たり	（終止）	時	ども	（命令）	

参照

一
6 四段活用
7 上二段活用
8 下二段活用
9 上一段活用・下一段活用
10 カ行変格活用・サ行変格活用
11 ナ行変格活用・ラ行変格活用

二 次の各文から動詞を順にすべて抜き出し、例にならって活用する行と活用の種類、活用形を答えよ。

1 罪得《う》ることぞと、常に聞こゆるを、心憂く。（源氏物語・若紫《わかむらさき》）

（生き物をいじめるのは）罪にあたることですよと、いつも申し上げているのに、情けないこと。

2 そのとき悔《く》ゆとも、かひあら〔例〕むや。（徒然草・四九段）

そのときに後悔しても、甲斐があろうか、いや、ない。

3 見るときはまた、かねて思ひつるままの顔したる人こそなけれ。（徒然草・七一段）

（実際に）見るときはまた、以前想像したとおりの顔をした人はいない。

4 男女《なんによ》死ぬる者数十人、馬・牛のたぐひ辺際を知らず。（方丈記・安元《あんげん》の大火）

男や女の死者は数十人、牛や馬の類は（どのくらい死んだか）際限もわからない。

5 遅れて来る人もぞある。（宇治拾遺物語・九六）

遅れて来る人がいるといけない。

例	あら	ラ行変格活用・未然形
①		
②		
③		
④		
⑤		
⑥		
⑦		
⑧		
⑨		
⑩		
⑪		

参照

二
6 四段活用
7 上二段活用
8 下二段活用
9 上一段活用・下一段活用
10 カ行変格活用・サ行変格活用
11 ナ行変格活用・ラ行変格活用

形容詞・形容動詞

基本事項の整理 空欄および活用表に適語を補って整理しよう。

形容詞の活用のしかた

基本形	語幹	未然形	連用形	終止形	連体形	已然形	命令形	活用の種類
高し	たか							ク活用
苦し	くる							シク活用
下に続く主な語		ずは	なる けり	（終止）	時 べし	ども	（命令）	

形容動詞の活用のしかた

基本形	語幹	未然形	連用形	終止形	連体形	已然形	命令形	活用の種類
豊かなり	豊か						（なれ）	ナリ活用
堂々たり	堂々	（たら）				（たれ）	（たれ）	タリ活用
下に続く主な語		ず	けり なる・して	（終止）	時	ども	（命令）	

形容詞の活用の種類の見分け方

動詞「なる」を付けて、連用形活用語尾が「〔　〕」になればク活用、「〔　〕」になればシク活用。

例 ク活用……多し↓多〔　〕なる　古し↓古〔　〕なる

シク活用……美し↓美〔　〕なる　悲し↓悲〔　〕なる

一 次の形容詞・形容動詞の活用表を完成させよ。

基本形	語幹	未然形	連用形	終止形	連体形	已然形	命令形	活用の種類
つらし								
うれし								
いみじ								
明らかなり								
朦朧《もうろう》たり								

二 次の傍線部を、解答欄の形式にしたがって文法的に説明せよ。

前《さき》の世《よ》にも、御契《ちぎ》りや深かり①けむ、世になく②清らなる③玉の男皇子《をのこみこ》さへ生まれ給《たま》ひぬ。（源氏物語・桐壺《きりつぼ》）

前世においても、ご宿縁が深かったからだろうか、世にまたとなく清らかで美しい玉のような皇子までもがお生まれになった。

①	〔　〕活用形容詞「深し」の〔　〕形。
②	〔　〕活用形容詞「〔　〕」の〔　〕形。
③	〔　〕活用形容動詞「清らなり」の〔　〕形。

15 語幹の用法・音便

基本事項の整理 空欄に適語を補って整理しよう。

語幹の用法

形容詞・形容動詞の語幹は独立性が高く、語幹用法がある。シク活用形容詞は終止形が語幹と同じはたらきをする。

語幹で言い切る	〔　　〕**表現**	例 あな**無惨**。 ああ**無惨なこと**よ。
語幹＋助詞「の」	〔　　〕**修飾**	例 **猛**の者 **勢力のある**者
（〜を＋）形容詞の語幹＋接尾語「み」	〔　　〕（〜が）……ので	例 **瀬をはやみ** 川の流れが**はやいので**

音便

形容詞にはイ音便・ウ音便・撥音便がある。形容動詞には撥音便だけがある。

形容詞	**イ音便**	近き所→近〔　〕所　近きかな→近〔　〕かな
	ウ音便	近くて→近〔　〕て　近くなる→近〔　〕なる
	撥音便	近かるなり→近か(ん)なり 近かるめり→近か(ん)めり
形容動詞	**撥音便**	穏やかなるなり→穏やかな(ん)なり 穏やかなるめり→穏やかな(ん)めり

◆撥音の「ん」は表記されないことが多いが、読むときはン音を補って読む。

一 次の傍線部を口語訳せよ。

1 上人いみじく感じて、「あなめでたや①。」　（徒然草・二三六段）

上人はたいへん感心して、「ああ〔　　〕。」

2 「あやしのもの②のさまや。こは何ぞ。」　（大鏡・伊尹《これまさ》伝）

「〔　　〕格好のものだなあ。これは何だ。」

3 野をなつかしみ③一夜《ひとよ》寝にける　（万葉集・一四二四）

野の様子が〔　　〕一晩泊まってしまったのだった。

①	
②	
③	

二 次の傍線部について、⑴音便の種類と、⑵もとの形を答えよ。

1 気高う①清げにおはする女の、うるはしく装束《さうぞ》き給へるが、　（更級日記・鏡のかげ）

気高く美しくていらっしゃる女の人で、端正に装束を整えなさった女の人が、

2 唐衣《からぎぬ》に白い②ものうつりて、　（枕草子・宮に初めて参りたるころ）

唐衣におしろいがくっついて、

3 板屋《いたや》どもあたりあたり、いとかりそめなめり③。　（源氏物語・賢木《さかき》）

板ぶきの家がそこかしこに（あり）、いかにも間に合わせのものであるようだ。

①	(1)	
	(2)	
②	(1)	
	(2)	
③	(1)	
	(2)	

基本事項の整理　空欄に適語を補って整理しよう。

定義

用言その他に付いてさまざまな意味を添える、活用の〔　　〕付属語を、〔　　〕という。

意味による分類

〔　　〕…………き　けり
〔　　〕…つ　ぬ　たり　り
〔　　〕……む　むず　べし
現在推量・過去推量…らむ　けむ
推定…………らし　めり　なり
反実仮想…………まし
〔　　〕…………ず
打消推量…………じ　まじ
〔　　〕…………なり　たり
自発・可能・受身・尊敬…る　らる
使役・尊敬…………す　さす　しむ
〔　　〕…………まほし　たし
比況…ごとし　やうなり　ごとくなり

接続による分類

未然形に付く…り（サ変に）
む　むず　まし　ず　じ　る
らる　す　さす　しむ　まほし
連用形に付く…き　けり　つ
ぬ　たり〈完了〉　けむ　たし
＊終止形に付く…べし　らむ
らし　めり　なり〈推定〉　まじ
連体形に付く…なり〈断定〉
ごとし　やうなり　ごとくなり
已然形に付く…り（四段に）
その他に付く…なり〈断定〉
たり〈断定〉　ごとし
やうなり　ごとくなり

＊ラ変型活用語には連体形に付く。

活用の型による分類

四段型…む　らむ　けむ　下二段型…つ　る　らる　す　さす　しむ
ナ変型…ぬ　ラ変型…けり　たり〈完了〉　り　めり　なり〈推定〉
サ変型…むず　形容詞型…べし　たし　ごとし　まじ　まほし
形容動詞型…なり〈断定〉　やうなり　ごとくなり　たり〈断定〉
特殊型〔特別の型〕　き　まし　ず　〔無変化型〕　らし　じ

一 傍線部①②の上は、動詞「やむ（止む）」の何形か。活用形を答えよ。

1 雨やみぬ①。
2 やまぬ②雨。

①	②

二 傍線部①②の活用形を答えよ。

①	②

三 (1)終止形が「ぬ」となる助動詞と、(2)連体形が「ぬ」となる助動詞を「文語助動詞活用表」で探し、例にしたがって答えよ。

例	過去　の助動詞「　き　」
(1)	〔　　〕の助動詞「〔　　〕」
(2)	〔　　〕の助動詞「〔　　〕」

四 一～三をふまえて、傍線部①②を文法的に説明せよ。

①	〔　　〕の助動詞「〔　　〕」の〔　　〕形。
②	〔　　〕の助動詞「〔　　〕」の〔　　〕形。

五 四をふまえて、1・2を口語訳せよ。

1	2

17 過去（き・けり）

基本事項の整理 空欄および活用表に適語を補って整理しよう。

き

基本形	未然形	連用形	終止形	連体形	已然形	命令形	活用の型
き	（せ）	○				○	特殊型

接続 活用語の〔　　〕形に接続。（カ変・サ変には特殊な接続をする。）

意味 ❶〔　　〕（……タ）→**直接経験**

けり

基本形	未然形	連用形	終止形	連体形	已然形	命令形	活用の型
けり	（けら）	○				○	ラ変型

接続 活用語の〔　　〕形に接続。

意味 ❶〔　　〕（……タ・……タソウダ）→**間接経験**
❷〔　　〕（……ナア・……タノダナア）

「き」のカ変・サ変への接続

		終止形 き	連体形 し	已然形 しか
カ変「来」	未然形 こ	×	こ-し	こ-しか
	連用形 き	×	き-し	（き-しか）
サ変「す」	未然形 せ	×	せ-し	せ-しか
	連用形 し	し-き	×	×

一 次の傍線部の助動詞の活用形を答えよ。

1 双六《すぐろく》の上手といひし①人に、その手立てを問ひ侍りしか②ば、 （徒然草・一一〇段）

双六の名人といった人に、双六に勝つ方法を尋ねましたところ、

2 見れば、率《ゐ》て来《こ》し③女もなし。 （伊勢物語・六段）

見ると、連れて来た女もいない。

①	②	③

二 次の傍線部の助動詞の意味を答えよ。

1 「我をば、はかるなりけり①。」とてこそ、泣かせ給ひけれ②。 （大鏡・花山院《かざんいん》）

（花山天皇は）「私を、だましたのだな。」と言って、お泣きになった。

2 心なき身にもあはれは知られけり③鴫《しぎ》立つ沢の秋の夕暮れ （新古今集・三六二）

情趣を解さない私にもしみじみとした情趣が感じられるよ。鴫が飛び立つ沢の秋の夕暮れは。

①	②	③

基本事項の整理

空欄および活用表に適語を補って整理しよう。

つ・ぬ

基本形	未然形	連用形	終止形	連体形	已然形	命令形	活用の型
つ							下二段型
ぬ							ナ変型

接続　活用語の〔　　〕形に接続。

意味　❶〔　　〕(……タ・……テシマッタ)
❷**確述(強意)**(キット……スル・……テシマウ・タシカニ……ダ)

◆「確述」は、未来に確実に実現するという判断を示す。下に推量の助動詞の付く場合が多い。
例 てむ　なむ　つべし　ぬべし　つらむ　ぬらむ　てまし　なまし

「つ」と「ぬ」の違い

つ……〔　　〕的・**意図的**な完了。
例 夜を明かし**つ**。(眠らないで)夜を明かし**た**。

ぬ……**無**〔　　〕的・**自然的**な完了。
例 夜更け**ぬ**。　夜が更け**た**。

一 次の傍線部の助動詞を、例にならって文法的に説明せよ。

1 秋来《き》ぬ〔例〕と目にはさやかに見えねども風の音にぞおどろかれぬる①　(古今集・一六九)

秋が来たと目で見たところではっきりわからないけれども、風の音を耳にすると、自然と秋の訪れが感じられて、はっとしたことだ。

2 いづれの手か、とく負けぬ②べき。　(徒然草・一一〇段)

どのやり方が、早く負けてしまうだろうか。

3 責められわびて、さして③むと思ひなりぬ。　(大和物語・一五六段)

せきたてられるのに閉口して、そうしてしまおうと思うようになった。

4 ただ思ひつる④さまなり。　(宇治拾遺物語・九六)

全く期待したとおりだ。

例	完了　の助動詞「　ぬ　」の　終止　形。
①	〔　　〕の助動詞「〔　　〕」の〔　　〕形。
②	〔　　〕の助動詞「〔　　〕」の〔　　〕形。
③	〔　　〕の助動詞「〔　　〕」の〔　　〕形。
④	〔　　〕の助動詞「〔　　〕」の〔　　〕形。

19 完了②（たり・り）

基本事項の整理　空欄および活用表に適語を補って整理しよう。

たり・り

基本形	未然形	連用形	終止形	連体形	已然形	命令形	活用の型
たり						（たれ）	ラ変型
り						（れ）	

接続

たり―活用語の〔　　〕形に接続。

り―サ変動詞の〔　　〕形・四段動詞の已然形に接続。
（四段の命令形に接続するという説もある。）

意味

❶〔　　〕（……テイル・……テアル）

❷〔　　〕（……タ・……テシマッタ）

存続と完了

存続……「咲く」という動作が行われ、その結果が続いている。
例 花咲き**たり**。　花が咲い**ている**。

完了……「来《く》」という動作が行われ、その動作が完了している。
例 待ち人来**たり**。　待っていた人が来**た**。

一 次の傍線部の助動詞を、例にならって文法的に説明せよ。

1 召しにつかはしたり①ければ、晴明、すなはち参りたり例。（宇治拾遺物語・一八四）

お呼びよせに人をやったので、晴明は、すぐさま参上した。

2 良秀《りやうしう》がよぢり不動とて、今に人々めで合へり②。（宇治拾遺物語・三八）

良秀のよじり不動といって、今に至るまで人々が称賛し合っている。

3 雁《かり》などの連ねたる③が、いと小さく見ゆるは、いとをかし。（枕草子・春は、あけぼの）

雁などで連なっているのが、はるか向こうに小さく見えるのは、とてもおもしろい。

4 古人も多く旅に死せる④あり。（奥の細道・旅立ち）

昔の詩人や歌人にも大勢旅の途中で亡くなった人がいる。

例	完了　の助動詞「　たり　」の　終止　形。
①	〔　　〕の助動詞「〔　　〕」の〔　　〕形。
②	〔　　〕の助動詞「〔　　〕」の〔　　〕形。
③	〔　　〕の助動詞「〔　　〕」の〔　　〕形。
④	〔　　〕の助動詞「〔　　〕」の〔　　〕形。

推量①（む・むず）

基本事項の整理　空欄および活用表に適語を補って整理しよう。

む・むず

基本形	未然形	連用形	終止形	連体形	已然形	命令形	活用の型
む〈ん〉	（ま）	○				○	四段型
むず〈んず〉	○	○				○	サ変型

接続　活用語の〔　　〕形に接続。

意味
❶〔　　〕（……ウ・……ヨウ・……ダロウ）
❷〔　　〕（……ウ・……ヨウ・……ツモリダ）
❸**適当・勧誘**（……ベキダ・……ノガヨイ・……タラドウダ）
❹〔　　〕（……トシタラ）
❺〔　　〕（……ヨウナ）
◆❺は遠回しにやわらげて言うこと。

一　次の傍線部の助動詞の意味を答えよ。

1　我討つ取らむ①とぞ進みける。　（平家物語・木曽最期）
自分が（木曽殿を）討ち取ろうと（我先に）進んだ。

2　つひにこの御ためによかるべからむことをこそ思はめ②。　（源氏物語・薄雲《うすぐも》）
（あなたは、）最終的にこの姫君のためによいであろうことを考えるのがよい。

3　見る人ありとは、いかでか知らむ③。　（徒然草・三二段）
（その人は、自分のことを）見ている人がいるとは、どうして知ろうか、いや、知るはずはない。

4　ただにて帰り参りて侍らむ④は、証候ふまじきにより、　（大鏡・道長《みちなが》伝）
何も持たずに帰参しましたらそれは、証拠がございますまいと思いましたので、

5　ひとりありかむ⑤身は、心すべきことにこそ。　（徒然草・八九段）
（私のような）ひとりで歩き回るような者は、用心しなければならないことだ。

6　亡き世なりとも、必ず恨み聞こえむずる⑥ぞ。　（大鏡・時平《ときひら》伝）
（私は、）死んだあとであっても、必ずお恨み申そうぞ。

①	②	③	④	⑤	⑥

21 推量②(べし)

基本事項の整理 空欄および活用表に適語を補って整理しよう。

べし

基本形	未然形	連用形	終止形	連体形	已然形	命令形	活用の型
べし						○	形容詞型

接続 活用語の〔　　〕形に接続。ラ変・ラ変型の活用語には〔　　〕形に接続。

意味
❶**推量**（……ニチガイナイ・……ソウダ・……ダロウ）
❷〔　　〕（……ウ・……ヨウ・……ツモリダ）
❸〔　　〕（……ノガヨイ・……ノガ適当ダ）
❹**当然・義務**（……ハズダ・……ナケレバナラナイ・……ベキダ）
❺**強い勧誘・命令**（……ベキダ・……セヨ）
❻〔　　〕（……デキル・……デキルハズダ）

一 次の傍線部の助動詞の意味を答えよ。

1 佐々木かしこまつて申しけるは、「高綱《たかつな》、この御馬で宇治川《うぢがは》のまつ先渡し候《さうら》ふべし①。」（平家物語・生《いけ》ずきの沙汰《さた》）

佐々木〔高綱〕がかしこまって申したことには、「私高綱は、この御馬で宇治川の先陣を渡すつもりです。」

2 一見すべき②よし、人々の勧むるによつて、（奥の細道・立石寺）

(あなたも)一度見ておくのがよいということを、人々が勧めるので、

3「高く心を悟りて、俗に帰るべし③。」との教へなり。（三冊子・あかさうし）

「高邁《こうまい》な境地を身につけて、日常卑近な俳諧の世界に帰りなさい。」との(師の)教えである。

4 かやうのことは、ただ朝夕の心づかひによるべし④。（徒然草・三三段）

このような振る舞いは、ただ平素の心がけによるものだろう。

5 勝つべき⑤いくさに負くることもよもあらじ。（平家物語・敦盛最期）

勝つはずの戦に負けることはよもやあるまい。

6 もの食はずは、生くべから⑥ず。（宇治拾遺物語・一九六）

ものを食べなければ、生きることができない。

①	②	③

④	⑤	⑥

現在推量（らむ）・過去推量（けむ）　22

基本事項の整理　空欄および活用表に適語を補って整理しよう。

らむ

基本形	未然形	連用形	終止形	連体形	已然形	命令形	活用の型
らむ〈らん〉	○	○				○	四段型

接続　活用語の〔　　〕形に接続。ラ変・ラ変型の活用語には〔　　〕形に接続。

意味
❶〔　　〕（今ゴロハ……テイルダロウ）
❷**現在の原因推量**（……ノダロウ・……ダカラダロウ・〈ドウシテ〉……テイルノダロウ）
❸**現在の伝聞**（……トカイウ・……ソウダ）
❹**現在の婉曲**（……ヨウナ）

けむ

基本形	未然形	連用形	終止形	連体形	已然形	命令形	活用の型
けむ〈けん〉	○	○				○	四段型

接続　活用語の〔　　〕形に接続。

意味
❶〔　　〕（……タダロウ・……ダッタロウ）
❷**過去の原因推量**（……ダッタノダロウ・〈ドウシテ〉……タノダロウ）
❸**過去の伝聞**（……タトカイウ・……タソウダ）
❹**過去の婉曲**（……タヨウナ・……タト思ワレル）

一　次の傍線部の助動詞の意味を答えよ。

1 この主《ぬし》いかばかり嘆き求むらむ①。　（沙石集・巻九ノ三）
この（銀貨の落とし）主は今ごろはどれほど悲しんで探しているだろう。

2 ひさかたの月の桂《かつら》も秋はなほ紅葉《もみぢ》すればや照りまさるらむ②　（古今集・一九四）
月に生えている（という）桂も、秋にはやはり紅葉するから、（月が）いちだんと明るく照っているのだろうか。

3 何の思ひ出なき都へとて、されば何とて帰るらむ③。　（建礼門院右京大夫集・二四一詞書）
何の（よい）思い出もない都へと、それではどうして帰って行くのだろう。

4 いかばかり心のうちすずしかりけむ④。　（徒然草・一八段）
（中国の賢人許由《きよゆう》は）どれほど心の中はすがすがしかっただろう。

5 など御末《すゑ》枯れさせ給ひにけむ⑤。　（大鏡・道兼《みちかね》伝）
どうして（道隆《みちたか》殿の）ご子孫は衰えてしまわれたのだろうか。

6 いづれの道も抜《ぬ》け出《い》で給ひけむ⑥は、いにしへも侍らぬことなり。　（大鏡・頼忠《よりただ》伝）
（公任殿のように）諸道に卓越されていたとかいうのは、昔も例のないことです。

①	②	③

④	⑤	⑥

23 推定（らし・めり・なり）

基本事項の整理 空欄および活用表に適語を補って整理しよう。

らし

基本形	未然形	連用形	終止形	連体形	已然形	命令形	活用の型
らし	○	○		（らしき）		○	特殊型

接続 活用語の終止形に接続。ラ変・ラ変型活用語には連体形に接続。

意味 ❶〔　　〕（……ラシイ・……ニチガイナイ）

めり

基本形	未然形	連用形	終止形	連体形	已然形	命令形	活用の型
めり	○	（めり）				○	ラ変型

接続 活用語の終止形に接続。ラ変・ラ変型活用語には連体形に接続。

意味 ❶**推定**（……ヨウニ見エル・……ヨウダ）
❷**婉曲**（……ヨウダ）

なり

基本形	未然形	連用形	終止形	連体形	已然形	命令形	活用の型
なり	○					○	ラ変型

接続 活用語の終止形に接続。ラ変・ラ変型活用語には連体形に接続。

意味 ❶〔　　〕（……ヨウダ・……ラシイ・……ニチガイナイ）
❷〔　　〕（……トイウコトダ・……ト聞イテイル・……ソウダ）

一 次の傍線部の助動詞を、例にならって文法的に説明せよ。

1 み吉野《よしの》の山の白雪積もるらし①ふるさと寒くなりまさるなり例　（古今集・三二五）

吉野の山に白雪が積もっているにちがいない。奈良の旧都がいちだんと寒くなったことだ。

2 坊にも、ようせずは、この皇子《みこ》の居給ふべきなめり②。　（源氏物語・桐壺）

皇太子にも、悪くすると、この（第二）皇子がおつきになりそうに見える。

3 夕されば野辺《のべ》の秋風身にしみてうづら鳴くなり③深草の里　（千載集・二五八）

夕方になると、野辺の秋風が身にしみいるように感じられて、うずらが（寂しく）鳴くようだ。この深草の里では。

4 奥山に猫またといふものありて、人を食らふなる④。　（徒然草・八九段）

山奥に猫またというものがいて、人を食うそうだよ。

例	完了 の助動詞「たり」の 終止 形。
①	〔　　〕の助動詞「〔　　〕」の〔　　〕形。
②	〔　　〕の助動詞「〔　　〕」の〔　　〕形。
③	〔　　〕の助動詞「〔　　〕」の〔　　〕形。
④	〔　　〕の助動詞「〔　　〕」の〔　　〕形。

24 反実仮想（まし）

基本事項の整理　空欄および活用表に適語を補って整理しよう。

まし

基本形	未然形	連用形	終止形	連体形	已然形	命令形	活用の型
まし	（ませ）	○				○	特殊型

接続　活用語の〔　　〕形に接続。

意味
❶〔　　〕（モシ～ダッタラ……ダロウニ）
❷**実現不可能な希望**（……ダッタラヨカッタノニ）
❸**迷い・ためらい**（……タモノダロウカ・……タラヨカロウカ）

反実仮想の意味

・事〔　　〕に〔　　〕することを〔　　〕定して結果を〔　　〕像する。

事実に反すること
＝
仮想……もし[A]だったら[B]だろうに。
現実……実際は[A]ではないから[B]ではなかった。
心情……不満・愛惜・希望などを言外に含む。

・反実仮想の意味の場合、次のように呼応することが多い。
[A]ましかば[B]まし
[A]ませば[B]まし（奈良時代の用法）
[A]せば[B]まし（「せ」は過去の助動詞といわれる）
[A]ば[B]まし

一　次の傍線部を口語訳せよ。

1 なほ春の内ならましかば、いかにをかしからまし。①（枕草子・鳥は）

やはり（鶯の鳴くのが）もし春の内だったら、どんなにか[　　]。

2 かばかりの詩を作りたらましかば、名の上がらむこともまさりなまし。②（大鏡・頼忠《よりただ》伝）

もしこの和歌と同じくらいの（すばらしい）漢詩を作ったのだったら、名声を博することもきっとひときわ[　　]。

3 見る人もなき山里の桜花ほかの散りなむのちぞ咲かまし③（古今集・六八）

見る人もいない山里の桜の花よ、ほかの桜が散ってしまったあとに[　　]。

4 雪降れば木ごとに花ぞ咲きにけるいづれを梅とわきて折らまし④（古今集・三三七）

雪が降ると木という木に花が咲いたことだよ。どれを梅と区別して[　　]。

①	②	③	④

25 打消（ず）・打消推量（じ・まじ）

基本事項の整理

空欄および活用表に適語を補って整理しよう。

ず

基本形	未然形	連用形	終止形	連体形	已然形	命令形	活用の型
ず							特殊型

接続 活用語の〔　　〕形に接続。

意味 ❶〔　　〕（……ナイ）

じ・まじ

基本形	未然形	連用形	終止形	連体形	已然形	命令形	活用の型
じ	○	○		（じ）	（じ）	○	特殊型
まじ	（まじから）					○	形容詞型

接続
じ―活用語の〔　　〕形に接続。
まじ―活用語の〔　　〕形に接続。ラ変・ラ変型活用語には〔　　〕形に接続。

意味
❶〔　　〕（……ナイダロウ・……マイ）
❷〔　　〕（……マイ・……ナイツモリダ）
❸**禁止・不適当**（……テハナラナイ・……ナイホウガヨイ）
❹**打消当然**（……ベキデハナイ・……ハズガナイ）
❺**不可能推量**（……デキナイダロウ・……デキソウニナイ）
◆❸❹❺は「まじ」のみの用法。

一 次の傍線部の助動詞を、例にならって文法的に説明せよ。

1 文《ふみ》やることなども、いづくの浦よりもせじ①と思ひとりたる例を、　（建礼門院右京大夫集・二〇四詞書）

手紙を送ることなども、どこの海辺からもするまいと決心していますから、

2 法師ばかりうらやましからぬ②ものはあらじ③。　（徒然草・一段）

法師ほどうらやましくないものはあるまい。

3 本歌《ほんか》の詞《ことば》をあまりに多く取ることは、あるまじき④にて候ふ。　（毎月抄《まいげつしょう》・本歌取り）

（本歌取りをするときに）もとの歌の言葉をあまりに多く取ることは、しないほうがよいことです。

4 折れ返り、露もとまるまじく⑤吹き散らすを、　（源氏物語・野分《のわき》）

（萩の枝が）折れ返り、露もとどまることができそうにないほど（風が）吹き散らすのを、

例	存続 の助動詞「 たり 」の 連体 形。
①	〔　　〕の助動詞「〔　　〕」の〔　　〕形。
②	〔　　〕の助動詞「〔　　〕」の〔　　〕形。
③	〔　　〕の助動詞「〔　　〕」の〔　　〕形。
④	〔　　〕の助動詞「〔　　〕」の〔　　〕形。
⑤	〔　　〕の助動詞「〔　　〕」の〔　　〕形。

基本事項の整理

空欄および活用表に適語を補って整理しよう。

なり・たり

基本形	未然形	連用形	終止形	連体形	已然形	命令形	活用の型
なり						（なれ）	形容動詞型
たり						（たれ）	形容動詞型

接続

なり—体言・活用語の〔　　〕形に接続。一部の助詞や副詞にも接続。

たり—〔　　〕に接続。

意味

❶〔　　〕（……ダ・……デアル）

❷〔　　〕（……ニアル）

◆❷は「なり」のみの用法。

「なり」の連用形「に」

次のような形で用いられることが多い。

❶「に」＋接続助詞　にて・にして

❷「に」＋補助動詞　にあり（に侍り・に候ふ・におはします）

❸「に」＋助詞＋補助動詞　にてあり・にぞある・にこそあれ

❹「に」＋助詞の下の補助動詞を省略　にや。・にか。・にこそ。

一 次の傍線部の助動詞を、例にならって文法的に説明せよ。

1 我は討ち死にせむ[例]と思ふなり[①]。（平家物語・木曽最期）

おれは討ち死にしようと思うのだ。

2 御帳《みちやう》の後ろなる[②]は、たれぞ。（枕草子・宮に初めて参りたるころ）

御几帳の後ろにいるのは、誰だ。

3 さだめてならひあることに[③]侍らむ。（徒然草・二三六段）

きっといわれのあることでございましょう。

4 人のつけたるに[④]なむありける。（宇治拾遺物語・一一四）

人が（応天門に）放火したのであった。

5 臣、臣たる[⑤]ときは、君あはれみを残す。（曽我物語・巻三）

臣下が、（ふさわしい）臣下であるときは、主君は慈悲の心で接する。

例	意志　の助動詞「む」の終止形。
①	〔　　〕の助動詞「〔　　〕」の〔　　〕形。
②	〔　　〕の助動詞「〔　　〕」の〔　　〕形。
③	〔　　〕の助動詞「〔　　〕」の〔　　〕形。
④	〔　　〕の助動詞「〔　　〕」の〔　　〕形。
⑤	〔　　〕の助動詞「〔　　〕」の〔　　〕形。

27 自発・可能・受身・尊敬(る・らる)

基本事項の整理 空欄および活用表に適語を補って整理しよう。

る・らる

基本形	未然形	連用形	終止形	連体形	已然形	命令形	活用の型
る							下二段型
らる							

＊自発・可能には命令形がない。

接続
る—四段・ナ変・ラ変動詞の〔　　　〕形に接続。
らる—右以外の動詞の〔　　　〕形に接続。

意味
❶〔　　　〕(自然ニ……レル・自然ニ……ラレル)
❷〔　　　〕(……コトガデキル・……レル・……ラレル)
❸〔　　　〕(……レル・……ラレル)
❹〔　　　〕(オ……ニナル・……レル・……ラレル)

「る」「らる」の意味の見分け方

❶心情や知覚を表す動詞＋「る」「らる」→自発
例 思はる・知らる・しのばる・眺めらる・見らる
❷打消・反語＋「る」「らる」→可能
❸「(受身の相手)に」＋「る」「らる」→受身
例 敵に討たる・人にほめらる
❹尊敬語＋「る」「らる」→尊敬
例 仰せらる
❺「る」「らる」＋尊敬語→尊敬以外
例 れ給ふ・られ給ふ

一 次の傍線部の助動詞の意味を答えよ。

1 名を聞くより、やがて面影《おもかげ》はおしはからるる①心地するを、(徒然草・七一段)
名前を聞くやいなや、すぐに(その人の)顔つきが自然に推量される気持ちがするが、

2 我ながら心おごりせられ②し。(大鏡・頼忠伝)
我ながら得意な気持ちがしてならなかった。

3 例の涙もとどめられ③ず。(源氏物語・須磨《すま》)
いつものように涙もとめられない。

4 人には木の端《はし》のやうに思はるる④よ。(徒然草・一段)
(法師というものは)人には木の端のように思われることだよ。

5 いま一声呼ばれ⑤ていらへむ。(宇治拾遺物語・一二)
もう一声呼ばれて返答しよう。

6 大夫《たいふ》敦盛《あつもり》とて、生年《しやうねん》十七にぞなられ⑥ける。(平家物語・敦盛最期)
大夫敦盛といって、当年十七歳におなりだった。

7 「三巻、四巻だにえ見果てじ。」と仰せらる⑦。(枕草子・清涼殿の丑寅《うしとら》の隅の)
「三巻か四巻さえ読み終えることができないだろう。」と仰せになる。

①	②	③	④

⑤	⑥	⑦

使役・尊敬(す・さす・しむ)

基本事項の整理 空欄および活用表に適語を補って整理しよう。

す・さす・しむ

基本形	未然形	連用形	終止形	連体形	已然形	命令形	活用の型
す							下二段型
さす							
しむ							

接続

す—四段・ナ変・ラ変動詞の〔　　〕形に接続。

さす—右以外の動詞の〔　　〕形に接続。

しむ—用言の〔　　〕形に接続。

意味

❶〔　　〕(……セル・……サセル)

❷〔　　〕(オ……ニナル・……レル・……ラレル)

「す」「さす」「しむ」の意味の見分け方

❶尊敬語を伴わない⇒すべて**使役**

❷「す」「さす」「しむ」＋尊敬語⇒**尊敬が多い**

例 **せ**給ふ・**させ**給ふ・**しめ**給ふ

せおはします・**させ**おはします・**しめ**おはします

◆使役＋尊敬語の場合もあるので、文意によって判断する。

例 人に読ま**せ**給ふ。　人にお読ま**せ**になる。

❸尊敬の助動詞＋尊敬の補助動詞＝**最高敬語**（〔　　〕**敬語**）

一 次の傍線部の助動詞の意味を答えよ。

1 粟田殿《あはたどの》、御色真青《まあを》にならせ①給ひて、あれかにもあらぬ御けしきなり。（大鏡・道兼《みちかね》伝）

粟田殿は、お顔の色が真っ青におなりになって、茫然自失《ぼうぜんじしつ》のご様子だ。

2 鳥飼《とりかひ》といふ題を、みな人々によませ②給ひけり。（大和物語・一四六段）

（帝が、）鳥飼という題で、その場にいる者みんなに歌をおよませになった。

3 帝、さうざうしとやおぼしめしけむ、殿上《てんじやう》に出《い》でさせ③おはしまして、（大鏡・道長伝）

帝は、手持ち無沙汰だとお思いになったのだろうか、殿上の間にお出ましになって、

4 作らしめ④給ふ詩、いと悲し。（大鏡・時平伝）

（菅原道真公が）お作りになった漢詩は、とても悲しいものだった。

5 山々に人をやりつつ求めさすれ⑤ど、さらになし。（大和物語・一五二段）

あちこちの山に人を送っては（逃げた鷹を）探させるけれど、全く見つからない。

6 国守《くにのかみ》のもとにして、これをことわらしむ⑥。（沙石集・巻九ノ三）

国司の長官のところで、この争いの裁定をさせる。

①	②	③	④	⑤	⑥

29 願望（まほし・たし）・比況（ごとし・やうなり）

基本事項の整理 空欄および活用表に適語を補って整理しよう。

まほし・たし

基本形	未然形	連用形	終止形	連体形	已然形	命令形	活用の型
まほし						○	形容詞型
たし						○	

接続 **まほし**—動詞・助動詞「す・さす・ぬ」の未然形に接続。
たし—動詞・助動詞「る・らる・す・さす」の連用形に接続。

意味 ❶〔　　〕（……タイ・……テホシイ）

ごとし・やうなり

基本形	未然形	連用形	終止形	連体形	已然形	命令形	活用の型
ごとし					○	○	形容詞型
やうなり						○	形容動詞型

接続 体言・活用語の〔　　〕形・格助詞「が」「の」に接続。

意味
❶〔　　〕（……ヨウダ・……ト同ジダ）
❷〔　　〕（タトエバ……ノヨウダ・タトエバ……ナドダ）
❸**様子・状態**（……様子ダ・……状態ダ・……ヨウダ）
❹**婉曲**（……ヨウダ）
◆❸❹は「やうなり」のみの用法。

一 次の傍線部を口語訳せよ。

1 敵《かたき》に会うてこそ①死にたけれ。（平家物語・老馬）
敵に会って（戦って）〔　　〕。

2 ②言はまほしきことをもこまごまと書き尽くしたるを見る心は、めづらしく、うれしく、（無名草子・文《ふみ》）
（手紙に）〔　　〕をもこまごまと書き尽くしてあるのを見る気持ちは、すばらしく、うれしく（思われて）、

3 少しのことにも、先達《せんだち》は③あらまほしきことなり。（徒然草・五二段）
ちょっとしたことにも、その道の指導者は〔　　〕。

4 御方《みかた》の軍兵《ぐんびやう》、④雲霞《うんか》のごとく候《さうら》ふ。（平家物語・敦盛最期）
味方の軍勢が、〔　　〕（大勢）集まっています。

5 発句《ほつく》は、⑤なんぢがごとく、二つ三つ取り集めするものにあらず。（去来抄・発句《ほつく》論）
発句は、〔　　〕、（素材を）二つも三つも取り合わせて作るものではない。

6 髪は、⑥扇を広げたるやうにゆらゆらとして、（源氏物語・若紫）
髪は、〔　　〕ゆらゆらとしていて、

①	③	⑤
②	④	⑥

30 助動詞総合練習

一 次の傍線部の助動詞の意味を後から選び、記号で答えよ。

1 千年《ちとせ》をもろともにとおぼしし①かど、限りある別れぞ、いとくちをしきわざなり②ける③。（源氏物語・御法《みのり》）

（源氏は）千年をも（紫の上と）一緒にとお思いになっていたのだが、命に限りある死別は、まことに残念なことであったのだよ。

2 霧も深く露けきに、簾《すだれ》をさへ上げ給へ④れば、御袖《そで》もいたくぬれに⑤けり⑥。（源氏物語・夕顔）

霧も深く露が一面に降りている上に、（車の）簾までをもお上げになっているので、お袖もひどくぬれてしまった。

3 もとの御かたちとなり給ひね⑦。それを見てだに帰りな⑧む。（竹取物語・帝の求婚）

もとの姿におなりください。せめてそのお姿だけでも見て帰ろう。

ア 過去　**イ** 詠嘆　**ウ** 完了　**エ** 存続　**オ** 確述（強意）　**カ** 断定　**キ** 推定

①	②	③	④	⑤	⑥	⑦	⑧

二 次の傍線部の助動詞の意味を答えよ。

1 勝たむ①と打つべから②ず③。（徒然草・一一〇段）

（双六《すごろく》に勝つには、）勝とうと思って打ってはならない。

2 吉野山《よしのやま》やがて出《い》でじ④と思ふ身を花散りなばと人や待つらむ⑤（新古今集・一六一七）

吉野山をそのまま出るまいと思っている私を、花が散ってしまったなら（帰るだろう）と思って、人々は今ごろは待っているだろうか。

3 歌のよしあしをも知らむ⑥ことは、ことのほかのためしなめり⑦。（俊頼髄脳・歌のよしあし）

歌のよしあしをも判別するようなことは、たいへんな試みであるようだ。

参照 一
17 過去
18 完了①
19 完了②
26 断定

参照 二
20 推量①
21 推量②
22 現在推量・過去推量
23 推定
24 反実仮想
25 打消・打消推量

4 文字といふものなからまし⑧かば、今の世の我らが片端《かたはし》も、いかでか書き伝へまし。 （無名草子・文）

文字というものがもしなかったら、今の世の私たちの一端でも、どうして書き伝えることができようか、いや、できないだろう。

①	②	③	④

⑤	⑥	⑦	⑧

三 次の傍線部の助動詞の意味と活用形を答えよ。

1 かしこう思ひ得たりと思ひてのたまふ顔の、いとうつくしきにも、うち笑まれ①給ひぬ。 （源氏物語・幻）

（若宮の）いいことを思いついたと思っておっしゃる顔が、たいそうかわいらしいのにつけても、（光源氏は）思わずにっこりなさってしまう。

2 前太政大臣平朝臣清盛《さきのだいじやうだいじんたひらのあつそんきよもり》公と申しし人のありさま、伝へ承るこそ、心も言葉も及ばれ②ね。 （平家物語・祇園精舎《ぎをんしやうじや》）

前太政大臣平朝臣清盛公と申した人のありさまを、伝え承ることは、想像もつかず言葉で表現もできない。

3 薩摩守忠度《さつまのかみただのり》は、いづくよりや帰られ③たりけん、 （平家物語・忠度都落《ただのりのみやこおち》）

薩摩守忠度は、どこから都に引き返されたのだろうか、

4 高名の木登りといひし男《をのこ》、人を掟《おき》てて、高き木に登せて梢《こずゑ》を切らせ④しに、 （徒然草・一〇九段）

評判の高い木登りと（世間で）いった男が、人を指図して、高い木に登らせて枝の先を切らせたときに、

5 九月《ながつき》に失《う》せさせ⑤給ひて、九日《ここぬか》の節《せち》はそれよりとどまりたるなり⑥。 （大鏡・雑々《くさぐさ》物語）

（帝は）九月にお亡くなりになって、九日の重陽《ちょうよう》の節句《せっく》はそれ以来停止になったのである。

①	②	③

④	⑤	⑥

参照
三 26 断定
27 自発・可能・受身・尊敬
28 使役・尊敬

基本事項の整理　空欄に適語を補って整理しよう。

定義

主に体言・連体形に付いて、その語が下の語に対してどのような資格に立つかを示す助詞を、〔　　　〕という。

格助詞の種類

主格……が　の
連体修飾格……が　の
連用修飾格……を　に　と　へ　にて　より　から　して
同格……が　の

が・の（体言・連体形に接続。）

❶〔　　　〕（……ガ・……ノ）
❷〔　　　〕（……ノ）
❸**体言の代用**（……ノ・……ノモノ・……ノコト）
❹〔　　　〕（……デ）
❺**比喩**（……ノヨウニ）
◆❺は「の」のみの用法。

同格の「の」のパターンと訳し方

（連体修飾部）体言＋の＋連体形［　　］（＋格助詞「が」「に」「を」）
↑上と同じ体言が省略されている。

青き　瓶《かめ》　の　大きなる　を　据ゑて、（枕草子・清涼殿の丑寅の隅の）

〔訳し方〕青い瓶で大きな瓶を据えて、

一　次の傍線部の格助詞の意味を答えよ。

1 雪の①降りたるは、言ふべきにもあらず。（枕草子・春は、あけぼの）
雪が降っているのは、言うまでもな（く風情がい）い。

2 それよりしてこそ、熊谷《くまがへ》が②発心《ほっしん》の③思ひは進みけれ。（平家物語・敦盛最期）
そのときから、熊谷の出家の願望は強まったのだった。

3 扇の④にはあらで、海月《くらげ》のなり。（枕草子・中納言参り給ひて）
扇の骨ではなくて、海月の骨であるようです。

4 高き山の峰《みね》の⑤、下り来べくもあらぬに置きて、（大和物語・一五六段）
高い山の峰で、下りて来られそうもない峰に（おばを）置いて、

5 色濃く咲きたる木の⑥、様体《やうだい》うつくしきが⑦侍りしを、掘り取りしかば、（大鏡・藤原氏物語）
色濃く咲いた（梅の）木で、姿かたちのよい木がございましたのを、掘り取ったところ、

6 あしびきの山鳥の⑧尾のしだり尾の⑨ながながし夜をひとりかも寝む（拾遺集・七七八）
山鳥の垂れた尾のように長い長い夜を、ただひとりで寝ることだろうか。

①	②	③
④	⑤	⑥
⑦	⑧	⑨

32 格助詞②

基本事項の整理 空欄に適語を補って整理しよう。

に（体言・連体形に接続。）

❶**時間・場所**（……ニ・……デ）
❷**方向・帰着点・変化の結果**（……ニ）
❸**対象**（……ニ）
❹**目的**（……ニ・……ノタメニ）
◆❹は動詞の連用形に接続。
❺〔　　　〕・**方法**（……デ・……ニヨッテ）
❻〔　　　〕・**理由**（……ノタメニ・……ニヨッテ）
❼**比較の基準**（……ト比べテ・……ヨリ）
❽**使役の対象・受身の相手**（……ニ）
❾**資格・状態**（……トシテ・……デ・……ニ）
❿**強調**（ヒタスラ……・ヒドク……）
◆❿は同じ動詞を重ねた間に用いる。連用形に接続。

にて（体言・連体形に接続。）

❶**場所・年齢**（……デ）
❷〔　　　〕・**方法・材料**（……デ・……ニヨッテ）
❸〔　　　〕・**理由**（……デ・……ニヨッテ）
❹**資格・状態**（……トシテ・……デ・……ニ）

して（体言・連体形に接続。）

❶〔　　　〕・〔　　　〕・**材料**（……デ・……ニヨッテ）
❷**人数・範囲**（……デ・……ト・……トトモニ）
❸**使役の対象**（……ニ・……ヲ使ッテ）

一 次の傍線部の格助詞の意味を後から選び、記号で答えよ。

1 最後の除目《ぢもく》行ひに①参りて侍りつるなり。（大鏡・兼通《かねみち》伝）
最後の官吏《かんり》任免を行いに参内《さんだい》しましたのです。

2 さびしさに②宿《やど》を立ち出でてながむればいづこも同じ秋の夕暮れ（後拾遺集・三三三）
さびしさに庵《いおり》を出てながめると、どこも同じさびしさだ、この秋の夕暮れは。

3 渚《なぎさ》の院にて③、桜を見てよめる。（古今集・五三詞書）
渚の院で、桜を見てよんだ(歌)。

4 土器《かはらけ》を二つうち合はせて、黄なる紙捻《かみより》にて④十文字に⑤からげたり。（宇治拾遺物語・一八四）
素焼きの土器を二つ合わせて、黄色の紙捻《こより》で十文字にくくってある。

5 かしこの心知れる下人《しもびと》して⑥やりけり。（源氏物語・澪標《みおつくし》）
あちらの方〔明石の君〕の気持ちを知っている使用人に命じて〔手紙を〕送った。

6 四、五人《よたりいつたり》ばかりして⑦、まだ暁《あかつき》に⑧おはす。（源氏物語・若紫）
四、五人くらいで、まだ夜の明けないうちにいらっしゃる。

ア 時間　イ 場所　ウ 手段・方法　エ 原因・理由
オ 目的　カ 使役の対象　キ 資格・状態　ク 人数・範囲

①	②	③	④	⑤	⑥	⑦	⑧

基本事項の整理　空欄に適語を補って整理しよう。

より（体言・連体形に接続。）
❶**起点**（……カラ）
❷**通過する場所**（……カラ・……ヲ通ッテ）
❸〔　　　〕・〔　　　〕（……デ・……ニヨッテ）
❹**比較の基準**（……ヨリ）
❺**範囲の限定**（……ヨリ・……以外）
❻〔　　　〕（……ヤイナヤ・……トスグニ）

から（体言・連体形に接続。）
❶**起点**（……カラ）
❷**通過する場所**（……カラ・……ヲ通ッテ）
❸〔　　　〕・**理由**（……ノタメニ・……ニヨッテ）

と（体言・引用句に接続。）
❶**動作をともにする相手**（……ト）
❷**変化の結果**（……ト・……ニ）
❸**比較の基準**（……ト・……ニ比ベテ）
❹**引用・内容**（……ト・……ト言ッテ・……トシテ・……ト思ッテ）
◆❹は引用句に接続。
❺〔　　　〕（……ト……ト）
❻〔　　　〕（……ノヨウニ）
❼**強調**（……スベテ）
◆❼は同じ動詞を重ねた間に用いる。連用形に接続。

一 次の傍線部の格助詞の意味を後から選び、記号で答えよ。

1 都の東南《たつみ》より①火出《い》で来《き》て、西北《いぬゐ》に至る。（方丈記・安元の大火）
都の東南から火事が起こって、西北の方角に広がっていった。

2 山背道《やましろぢ》をひと夫《づま》の馬より行くにおの夫し徒歩《かち》より②行けば（万葉集・三三一四）
山城の道をよその夫は馬で行くのに私の夫は徒歩で行くので、

3 はるけき野辺《のべ》を分け入り給ふより③、いとものあはれなり。（源氏物語・賢木）
遠く広がる野を分けてお入りになるとすぐに、しみじみとした情感をおぼえる。

4 母方から④こそ、帝の御子《みこ》もきはぎはにおはすめれ。（源氏物語・薄雲）
母親の家柄によって、帝の御子であってもそれぞれ相応の身分でいらっしゃるようだ。

5 勝たむと⑤打つべからず。（徒然草・一一〇段）
（双六《すごろく》に勝つには、）勝とうと思って打ってはならない。

6 ありと⑥ある上《かみ》・下《しも》、童《わらは》まで酔《ゑ》ひしれて、（土佐日記・十二月二十四日）
身分の高い者も低い者もすべて、子供までがすっかり酔っ払って、

ア 起点　**イ** 通過する場所　**ウ** 手段・方法
エ 即時　**オ** 原因・理由　**カ** 比較の基準
キ 引用・内容　**ク** 並列　**ケ** 強調

①	②	③	④	⑤	⑥

34 接続助詞①

基本事項の整理 空欄に適語を補って整理しよう。

定義 文中にあって、活用語に接続し、接続詞のように上の文節を下の文節に続ける助詞を、〔　　〕という。

接続助詞の種類

条件接続
- 順接
  - 仮定条件…ば
  - 確定条件…ば　て　して　に　を
- 逆接
  - 仮定条件…と　とも
  - 確定条件…ど　ども　ものを　ものの　ものから　ものゆゑ　て　して　が　に　を　ながら

単純接続…………て　して　が　に　を　で　つつ　ながら

ば（未然形・已然形に接続。）

❶**未然形に接続→順接の仮定条件**（モシ……タラ・モシ……ナラ）

❷**已然形に接続→順接の〔　　〕条件**

A**原因・理由**（……カラ・……ノデ）

B**偶然条件**（……ト・……トコロ）

C**恒時(恒常)条件**（……トイツモ・……ト必ズ）

と・とも（終止形に接続。形容詞には連用形に接続。）

❶**逆接の〔　　〕条件**（タトエ……テモ）

ど・ども（已然形に接続。）

❶**逆接の〔　　〕条件**（……ノニ・……ケレドモ・……ガ）

❷**逆接の恒時(恒常)条件**（……テモイツモ・……タトコロデ）

一 次の傍線部を口語訳せよ。

1 心にかかることあらば①、その馬を馳《は》すべからず。（徒然草・一八六段）

気に〔　　〕、その馬を走らせてはいけない。

2 このこと確かの証拠なければ②、判じがたし。（沙石集・巻九ノ三）

この事件は確かな〔　　〕、判断しがたい。

3 箱を開けて見れば③、中より紫の雲三筋上《みすぢのぼ》りけり。（御伽草子・浦島太郎）

箱を開けて(中を)〔　　〕、中から紫の雲が三筋立ち上った。

4 疑ひながらも、念仏すれば④、往生す。（徒然草・三九段）

疑いながらでも、〔　　〕、極楽往生する。

5 ⑤一目なりとも遅く負くべき手につくべし。（徒然草・一一〇段）

(双六に勝つには、)〔　　〕、遅く負けるはずのやり方に従うのがよい。

6 弓矢を取り立てむとすれども⑥、手に力もなくなりて、萎《な》えかかりたり。（竹取物語・昇天）

弓矢を持って構えようと〔　　〕、手に力もなくなって、ぐったりと寄りかかっている。

①	③	⑤
②	④	⑥

接続助詞②

基本事項の整理 空欄に適語を補って整理しよう。

が・に・を（連体形に接続。）

❶〔　　〕の確定条件（……ノニ・……ケレドモ・……ガ）

❷〔　　〕の確定条件（……カラ・……ノデ）

◆❷は「に」「を」のみの用法。

❸単純接続（……ガ・……トコロ）

て・して（連用形に接続。）

❶単純接続（……テ・……デ・……ノ状態デ）

❷〔　　〕の確定条件（……カラ・……ノデ）

❸〔　　〕の確定条件（……ノニ・……ケレドモ・……ガ）

ものを・ものの・ものから・ものゆゑ（連体形に接続。）

❶〔　　〕の確定条件（……ノニ・……ケレドモ・……ガ）

ながら（動詞・助動詞「ず」の連用形、形容詞・形容動詞の語幹に接続。）

❶存続（……ママデ）

❷並行（……ナガラ・……ツツ）

❸〔　　〕の確定条件（……ノニ・……ケレドモ・……ガ）

で（未然形に接続。）

❶打消（……ナイデ・……ズニ）

つつ（連用形に接続。）

❶〔　　〕・継続（……テハ・……続ケテ）

❷並行（……ナガラ・……ツツ）

一 次の傍線部の接続助詞の意味を答えよ。

1 開けて見るなとありしを①、開けにけるこそよしなけれ。（御伽草子・浦島太郎）

開けて見るなと言われていたのに、開けてしまったのは甲斐《かい》のないことだよ。

2 久しく双六《すぐろく》つかまつらで②、いとさうざうしきに③、今日あそばせ。（大鏡・道隆伝）

長い間双六をいたさないで、まことに物足りないので、今日はなさいませ。

3 山《やま》の芋《いも》の煮しめ物を入れて出だされしが④、その湯気にて取りつきけるか。（西鶴諸国ばなし・巻一）

山芋の煮物を入れて出されたが、その湯気で（小判がふたに）くっついたのか。

4 ここに侍りながら⑤、御とぶらひにもまうでざりける。（源氏物語・若紫）

ここにおりますのに、お見舞いにも参上しなかったよ。

5 八日、さはることありて⑥、なほ同じ所なり。（土佐日記・一月八日）

八日、（船を出すのに）差し支えることがあるので、相変わらず同じ所にいる。

①	③	⑤
②	④	⑥

36 副助詞

基本事項の整理 空欄に適語を補って整理しよう。

定義 種々の語に付いて、副詞のようにある意味を添え、下の用言を修飾する助詞を、〔　　〕という。

副助詞の種類

だに　すら　さへ　のみ　ばかり　まで　など　し　しも

だに（種々の語に接続。）

❶**程度の軽いものを示して、より程度の重いものを〔　　〕させる**（……サエ）

❷**最小限の限定**（セメテ……ダケデモ）

すら（種々の語に接続。）

❶**一つのものを示して、それ以外のものを類推させる**（……サエ）

さへ（種々の語に接続。）

❶〔　　〕（……マデモ）

のみ（種々の語に接続。）

❶〔　　〕（……ダケ）

❷**強意**（ヒドク……・トクニ……）

ばかり（種々の語に接続。）

❶〔　　〕（……ダケ・……バカリ）

❷**およその程度**（……クライ・……ホド）

し・しも（種々の語に接続。）

❶**強意**（無理に口語訳する必要はない）

❷**部分否定**（必ズシモ……〈デハナイ〉）

◆❷は「しも」のみの用法。下に打消を伴う。

一 次の傍線部の副助詞の意味を後から選び、記号で答えよ。

1 的《まと》のあたりにだに①近く寄らず、無辺世界を射給へるに、（大鏡・道長伝）

(矢は)的の近くにさえ行かずに、とんでもない所を射なさったので、

2 いささかなる消息《せうそこ》をだに②して心慰めばや。（源氏物語・澪標）

せめてちょっとした手紙だけでも送って(明石の君の)気持ちを慰めたい。

3 さることは知り、歌などにさへ③歌へど、思ひこそ寄らざりつれ。（枕草子・雪のいと高う降りたるを）

そんな詩句は知っているし、朗詠などまでするけれど、思いも寄らなかったわ。

4 御胸のみ④つとふたがりて、つゆまどろまれず、（源氏物語・桐壺）

御胸がただもういっぱいになって、少しも眠ることができず、

5 的の破るばかり⑤、同じところに射させ給ひつ。（大鏡・道長伝）

的が破れるくらい、同じ(ど真ん中の)ところを射通しておしまいになった。

6 ただこの西面《にしおもて》にしも⑥、持仏《ぢぶつ》据《す》ゑ奉りて行ふ、（源氏物語・若紫）

ちょうど目の前の西向きの部屋に、守り本尊をお据え申し上げて勤行している、

ア 程度の軽いものを示して、より程度の重いものを類推させる

イ 一つのものを示して、それ以外のものを類推させる

ウ 限定　**エ** 最小限の限定　**オ** 添加　**カ** 強意　**キ** 程度

①	②	③	④	⑤	⑥

基本事項の整理 空欄に適語を補って整理しよう。

定義 種々の語に付いて強意・疑問・反語などの意味を添え、文の結び方に一定の活用形を要求する助詞を、〔　　〕という。

係助詞の種類

ぞ　なむ　こそ　や〈やは〉　か〈かは〉　は　も

ぞ・なむ・こそ（種々の語に接続。）

❶**強意**（無理に口語訳する必要はない）

や〈やは〉・か〈かは〉（種々の語に接続。）

❶〔　　〕（……カ）

❷〔　　〕（……ダロウカ、イヤ、……デハナイ）

係り結びの法則 文はふつう〔　　〕形で言い切るが、係助詞「ぞ」「なむ」「や〈やは〉」「か〈かは〉」があるときは〔　　〕形で結び、「こそ」があるときは〔　　〕形で結ぶ。これを、〔　　〕**の法則**という。

意味	係り ⇩ 結び	例 夜明く。
強意	ぞ なむ ↓ **連体形**	夜**ぞ**明く**る**。夜**なむ**明く**る**。
疑問・反語	や〈やは〉 か〈かは〉 ↓ **連体形**	夜**や**明く**る**。夜**か**明く**る**。
強意	こそ ↓ **已然形**	夜**こそ**明く**れ**。

一 次の傍線部の係助詞の結びの語を抜き出し、活用形を答えよ。

1 夜鳴くもの、何も何もめでたし。乳児《ちご》どものみぞ①さしもなき。（枕草子・鳥は）

夜鳴くものは、どれもみなすばらしい。赤ん坊だけは、それほどでもない。

2 名をば、さかきの造《みやつこ》となむ②いひける。（竹取物語・おひたち）

（翁は）名を、さかきの造といった。

3 ついでおもしろきことともや③思ひけむ。（伊勢物語・一段）

折に合った風流なことだとでも思ったのだろうか。

4 まことにさることやは④侍る。（枕草子・五月《さつき》の御精進《みさうじ》のほど）

本当にそんなことがあったのですか。

5 いづれの時にか⑤忘るる。（土佐日記・一月十一日）

（いったい）いつの日に忘れることがあろうか、いや、忘れるはずはない。

6 かくおとなしき心あらむとこそ⑥思はざりしか。（十訓抄・巻上）

（藤原行成《ゆきなり》に）このような分別のある心があろうとは思ってもいなかった。

①	③	⑤
②	**④**	**⑥**

38 係助詞②

基本事項の整理 空欄に適語を補って整理しよう。

係り結びの留意点

❶「こそ」――已然形の逆接用法

「こそ」の結びの已然形で文が終止せず、さらに下に続く場合は、（　　　）の関係で続く。

❷結びの省略

・引用の格助詞「と」＋係助詞――下の動詞「言ふ」「聞く」「思ふ」などが省略されることがある。

例 とぞ（言ふ）。　となむ（聞きたる）。

・断定の助動詞「なり」の連用形「に」＋係助詞――下の（　　　）動詞「あり」「侍り」などが省略されることがある。

例 言ひけるにか（ある）。　形見にこそ（あれ）。

❸結びの流れ（結びの消滅）

結びとなるべき語に接続助詞などが付いて、文が終止せずに下に続く場合は、係り結びは成立しない。

❹引用文中の係り結び

引用文や会話文・挿入句の中でも係り結びが成立する。

❺「や〈やは〉」「か〈かは〉」の文末用法

疑問・反語を表す「や〈やは〉」「か〈かは〉」が文末にあることがある。

例 ありやなしや。　文末用法の「や」は（　　　）形に接続。

例 あるかなきか。　文末用法の「か」は（　　　）形に接続。

一 次の傍線部を口語訳せよ。

1 梅の花色こそ見えね①香《か》やは隠るる　（古今集・四一）

（闇で）梅の花の［　　　］、香りは隠れるだろうか、いや、隠れはしない。

2 隆家《たかいへ》は不運なることこそあれ②、そこたちにかやうにせらるべき身にもあらず。　（大鏡・道隆伝）

この隆家は［　　　］、そなたたちにこんなふうに扱われるはずの身ではない。

①

②

二 次の傍線部の係助詞の結びは、省略・消滅のいずれかを答えよ。

1 暗けれど主《ぬし》を知りて、飛びつきたりけるとぞ①。　（徒然草・八九段）

暗かったが主人とわかって、（犬が）飛びついたということだ。

2 一つをば隠されたるにや②。　（沙石集・巻九ノ三）

一つをお隠しになったのだろうか。

3 年ごろよくくらべつる人々なむ③、別れがたく思ひて、日しきりに、とかくしつつ、ののしるうちに、夜更けぬ。　（土佐日記・十二月二十一日）

ここ数年とても親しくつきあってきた人たちは、別れがたく思って、一日中、何やかやとしながら、大騒ぎするうちに、夜が更けた。

①

②

③

基本事項の整理　空欄に適語を補って整理しよう。

定義 文末にあって、禁止・願望・詠嘆・強意などの意味を添える助詞を、〔　　〕という。

終助詞の種類

禁止……な　そ
願望……ばや　なむ　もがな　がな
　しが　にしが　にしがな　てしが　てしがな
詠嘆……な　は　か　かな　よ
念押し……かし　ぞ

な（動詞の終止形〈ラ変には連体形〉に接続。）
❶〔　　〕（……ナ）

そ（動詞の連用形〈カ変・サ変には未然形〉に接続。）
❶〔　　〕（……ナ・……ナイデクレ）
◆副詞「な」と呼応して、「(な――)そ」の形で用いられる。

ばや（動詞の未然形に接続。）
❶自己の〔　　〕（……タイ）

なむ〈なん〉（動詞・助動詞の未然形に接続。）
❶他に対する〔　　〕（あつらえ）（……テホシイ）

しが〈しか〉・にしが・にしがな〈にしか・にしかな〉
てしが・てしがな〈てしか・てしかな〉（連用形に接続。）
❶自己の〔　　〕（……タイ）

もがな・がな（種々の語に接続。）
❶〔　　〕（……ガアレバナア・……トイイノニナア）

一 次の傍線部を口語訳せよ。

1 関白をば、次第のままにせさせ給へ。ゆめゆめ①違《たが》へさせ給ふな。（大鏡・兼通伝）
関白は、年齢順のとおりに任命なさいませ。決して(順番を)[　　]。

2 生駒山《いこまやま》雲②な隠しそ雨は降るとも（伊勢物語・二三段）
生駒山を、雲よ、[　　]。たとえ雨は降っても。

3 あつぱれ、よからう大将軍に③組まばや。（平家物語・敦盛最期）
ああ、立派な大将と[　　]。

4 飽《あ》かなくにまだきも月の隠るるか山《やま》の端《は》逃げて④入れずもあらなむ（古今集・八八四）
眺め足りないのに早くも月が隠れることだなあ。山の端が逃げて[　　]。

5 行く末に、この御堂の草木と⑤なりにしがな。（大鏡・道長伝）
将来は、この御堂の草木と[　　]。

6 心あらむ⑥友もがなと、都恋しうおぼゆれ。（徒然草・一三七段）
情趣を解する[　　]と、(友のいる)都が恋しく思われる。

①	③	⑤
②	④	⑥

40 終助詞②・間投助詞

基本事項の整理 空欄に適語を補って整理しよう。

終助詞

な・は（文末に接続。）
❶〔　　〕（……ナア・……ヨ・……コトヨ）

か・かな（体言・連体形に接続。）
❶〔　　〕（……ナア）

よ（体言・文末に接続。）
❶〔　　〕（……ヨ・……ナア）
❷呼びかけ（……ヨ）

かし（文末に接続。）
❶念を押す（……ヨ）

ぞ（体言・連体形に接続。）
❶念を押す（……ヨ）

間投助詞

定義 文中や文末にあって、語調を整えたり、詠嘆・呼びかけなどの意味を添えたりする助詞を、〔　　〕という。

間投助詞の種類
や　を

や（文中・文末に接続。）
❶調子を整える・詠嘆
❷呼びかけ（……ヨ）

を（文中・文末に接続。）
❶調子を整える・詠嘆

一 次の傍線部の助詞の意味を答えよ。

1 病《やまひ》づきて、七日といふに失《う》せ給ひにしは①。（大鏡・為光《ためみつ》伝）
病気にかかって、七日という日にお亡くなりになってしまったよ。

2 年ごろはわろく描きけるものかな②。（宇治拾遺物語・三八）
長年の間（絵を）下手に描いてきたことだなあ。

3 みな人は花の衣《ころも》になりぬなり苔《こけ》の袂《たもと》よ③かわきだにせよ（古今集・八四七）
人々はみな（先帝の喪が明けると）華やかな着物に着替えたそうだ。（涙にぬれた私の）僧衣の袂よ、せめて乾きだけでもしておくれ。

4 これは、知りたることぞ④かし⑤。（枕草子・清涼殿の丑寅の隅に）
これは、知っている歌だわ。

5 をかしきことぞたぐひなきや⑥。（枕草子・五月の御精進のほど）
おもしろいことはこのうえないよ。

6 二、三にては死ぬともあらじ。一にてを⑦あらむ。（枕草子・九七段）
二番目、三番目では死んでも我慢するのはいやだ。一番でありたいわ。

①	②	③	④	⑤	⑥	⑦

41 助詞総合練習

一 次の傍線部の助詞の種類を、例にならって答えよ。

1 あれに①馳《は》せ合《あ》ひ、これに馳せ合ひ、切つて例まはるに②、面を③合はする者ぞ④なき。（平家物語・木曽最期）

（兼平《かねひら》は）あちらこちらと馬を走らせ敵に当たり、切ってまわるので、正面から立ち向かう者もいない。

2 参るべきやうも⑤なかりしを⑥、深き心を⑦しるべにて⑧、わりなくて⑨たづね参るに、（建礼門院右京大夫集・二三九詞書）

参上することのできる手立てもなかったが、（女院をお慕いする）深い気持ちをしるべとして、無理にもお訪ねして行くと、

例	①	②	③	④
接続助詞				
⑤	⑥	⑦	⑧	⑨

二 次の傍線部の助詞の意味を後から選び、記号で答えよ。

1 小倉山峰《をぐらやまみね》の①もみぢ葉心あらば②いまひとたびのみゆき待たなむ③（拾遺集・一一二八）

小倉山の峰のもみじ葉よ、もし心があるのなら、もう一度行幸があるのを（散らずに）待ってほしい。

2 雪の④いたく降り侍りつれば⑤、おぼつかなさになむ⑥。（枕草子・宮に初めて参りたるころ）

雪がひどく降りましたので、気がかりで（お伺いしました）。

ア 主格　イ 同格　ウ 連体修飾格　エ 順接の仮定条件
オ 順接の確定条件　カ 強意　キ 他に対する願望

①	②	③
④	⑤	⑥

三 次の各文から例にならって係り結びを抜き出し、結びの語の終止形（基本形）を答えよ。

1 「夏山となむ申す。」例と申ししを、やがて、繁樹《しげき》となむつけさせ給へりし。（大鏡・序）

一 参照　32 格助詞②　35 接続助詞②　37 係助詞①

二 参照　31 格助詞①　34 接続助詞①　37 係助詞①　39 終助詞①

三 参照　37 係助詞①

（私が）「夏山と申します。」と申し上げたところ、（大臣殿は）そのまますぐに、繁樹と名前をおつけになってしまいました。

（枕草子・鳥は）

2 九重《ここのへ》の内に鳴かぬぞ、いとわろき。

（鶯は）宮中で鳴かないのが、はなはだよろしくない。

3 今は、たれをかばはむとてかいくさをもすべき。（平家物語・木曽最期）

今となっては、誰をかばおうとして戦う必要があろうか、いや、その必要はない。

4 浅茅《あさぢ》が宿《やど》に昔をしのぶこそ、色好むとは言はめ。（徒然草・一三七段）

浅茅の茂った荒れた家に（ともに幸福に住んだ）昔を懐かしむことこそ、恋の情趣を解するといえよう。

例	なむ → 申す	申す	
1	→		
2	→		
3	→		
4	→		

四 次の傍線部を口語訳せよ。

1 明かり障子《しやうじ》の破ればかりを、① 禅尼《ぜんに》手づから、小刀《こがたな》して② 切り回しつつ、張られければ、（徒然草・一八四段）

紙障子の［　　］、禅尼が自分の手で、［　　］あちこち切っては、張り繕っていらっしゃったので、

2 つくづくと一年《ひととせ》を暮らすほどだにも、③ こよなうのどけしや。④（徒然草・七段）

しみじみと一年を暮らす［　　］、このうえなく［　　］。

①		②	
③		④	

参照

四 32 格助詞②
36 副助詞
40 間投助詞

基本事項の整理 ▶ 空欄に適語を補って整理しよう。

名詞

定義 自立語で活用がなく、事物の名前を表して、単独で主語となることができる語を、〔　　〕という。〔　　〕ともいう。

種類

種類	説明・例
〔　　〕名詞	同類の事物に共通して用いる。 例 山 花 人 日記 鳥 都
〔　　〕名詞	特定の事物を表す。地名・人名・書名など。 例 三輪山 桜 紫式部 更級日記 鶯 京
〔　　〕詞	事物の数量や順序などを表す。 例 一つ 二本 三人 四巻 五羽 百代
〔　　〕名詞	具体的な意味を失って、形式的な意味を表す。 例 こと ころ ため とき ほど もの
〔　　〕名詞	事物を直接指し示し、名前の代わりに用いる。 **人代名詞**（人称代名詞） 例 われ おのれ な なんぢ こ そ か た たれ **指示代名詞** 例 こ そ か なに いづれ

連体詞

定義 自立語で活用がなく、いつも単独で文節を作り、すぐ下の体言を修飾する語を、〔　　〕という。

例 あるとき　あらゆる人　ありける女童《めのわらは》　さしたること

一 次の各文から代名詞を抜き出せ。

1 わが出家《すけ》は成就するなりけり。（大鏡・花山院）
私の出家の志は成就することだなあ。

2 毎度ただのちの矢なく、この一矢に定むべしと思へ。（徒然草・九二段）
矢を射るたびに二本目の矢はなく、この一本の矢で勝負しようと思え。

3 いづくなりともまかりなむ。（大鏡・道長伝）
どこであっても必ず参りましょう。

1	2	3

二 次の各文から連体詞を抜き出せ。

1 ある人、弓射ることを習ふに、諸矢《もろや》をたばさみて的《まと》に向かふ。（徒然草・九二段）
ある人が、弓を射ることを習うときに、二本の矢をはさみ持って的に向かった。

2 ありつる歌を語るに、男もいと悲しくて、うち泣かれぬ。（堤中納言物語・はいずみ）
さっきの歌を伝えると、男もひどく悲しくて、思わず泣けてしまった。

3 清少納言が書けるも、げにさることぞかし。（徒然草・一段）
清少納言が書いているのも、なるほどもっともなことだよ。

1	2	3

43 副詞

基本事項の整理 空欄に適語を補って整理しよう。

定義 自立語で活用がなく、主として下の用言を修飾する語を、〔　　〕という。

種類

〔　　〕の副詞〈ドノヨウニ〉	主に動作・作用の状態を詳しく説明する。 例 おのづから　たちまち　はるばる
〔　　〕の副詞〈ドレクライ〉	主に性質や状態の程度を詳しく説明する。 例 いと　少し　ただ　なほ　はなはだ
〔　　〕の副詞	下の語と呼応して、叙述のしかたを限定する。**陳述の副詞・叙述の副詞**ともいう。

副詞の呼応

〔　　〕	例 いまだ　え　さらに　たえて　つゆ　→ず　じ
疑問・反語	例 いかが　いかで　など　→連体形　や　か
仮定	例 たとひ　もし　よし　よしや　→とも　ば
〔　　〕	例 な　ゆめ　ゆめゆめ　→そ　な
推量	例 いかばかり　けだし　さだめて　→む　べし
〔　　〕	例 いかで　なにとぞ　いつしか　→ばや　む
比況	例 あたかも　さながら　→ごとし
当然	例 すべからく　まさに　よろしく　→べし

一 次の傍線部の副詞の種類は、ア状態の副詞、イ程度の副詞のいずれか。記号で答えよ。

1 ①やうやう白くなりゆく、山ぎは②少し明かりて、（枕草子・春は、あけぼの）

だんだん白んでいく、（そのうちに）山の稜線《りょうせん》あたりの空が少し明るくなって、

2 ③からうじて盗み出でて、④いと暗きに来けり。（伊勢物語・六段）

やっとのことで（女を）盗み出して、とても暗い夜に逃げて来た。

①	②	③	④

二 次の各文から、呼応の副詞と呼応している語をそれぞれ抜き出せ。

1 臆《おく》して、わななきて、え吹かざりけり。（十訓抄・巻上）

気おくれして、がたがた震えて、（笛を）吹くことができなかった。

2 つゆおとなふものなし。（徒然草・一一段）

全く音を立てるものもない。

3 これに歌よめ。いかが言ふべき。（枕草子・村上の先帝《せんだい》の御時に）

これについて歌をよめ。どのようによむだろうか。

4 さだめておどろかさむずらむ。（宇治拾遺物語・一二）

きっと起こそうとするだろう。

1	2

3	4

基本事項の整理　空欄に適語を補って整理しよう。

接続詞

定義 自立語で活用がなく、単独で接続語となって前後をつなぐはたらきをする語を、〔　　〕という。

種類

条件接続	順接	例 かくて　さらば　されば
	〔　　〕	例 されど　さるを　しかるに
対等接続	〔　　〕・添加	例 および　ならびに　かつ
	選択・〔　　〕	例 あるいは　あるは　または
	同格・言い換え	例 すなはち
その他の接続	補足	例 けだし　ただし
	〔　　〕	例 さて　そもそも

感動詞

定義 自立語で活用がなく、単独で独立語となって、感動や呼びかけ・応答などの意を表す語を、〔　　〕という。

種類

〔　　〕	例 あつぱれ　あな　あはれ　あはや　あら
〔　　〕	例 いかに　いざ　いで　これ　なう　や
〔　　〕	例 いさ　いな　いや　えい　おう　しかしか

一 次の傍線部の接続詞の意味は、ア順接、イ逆接のいずれか。記号で答えよ。

1 思ひ置くこと候《さうら》はず。①さらばいとま申して。（平家物語・忠度都落）

思い残すことはございません。それではおいとま申し上げて。

2 悲しくのみある。②されど、おのが心ならず、まかりなむとする。（竹取物語・嘆き）

（月の都へ帰るのは）悲しいだけです。でも、自分の意志からではなく、おいとましようとするのですよ。

①	②

二 次の傍線部の感動詞の意味は、ア感動、イ呼びかけ、ウ応答のいずれか。記号で答えよ。

1 ①あはれ、助け奉らばや。（平家物語・敦盛最期）

ああ、お助け申し上げたい。

2 ②いざ、うれ、さらばおのれら、死途《しで》の山の供《とも》せよ。（平家物語・能登殿最期《のとどののさいご》）

さあ、きさまら、それではおまえたちが、死出の山を越える供をせよ。

3 ③おうおうと言へどたたくや雪の門《かど》（去来発句集）

「おうおう。」と内から応えるが、さらにたたく音がするよ。雪の中閉ざされた門を。

①	②	③

45 敬語表現

基本事項の整理　空欄に適語を補って整理しよう。

定義　話し手（書き手）が、聞き手（読み手）、あるいは話題の中の人物に対して敬意を表すために用いる表現を、〔　　〕表現という。

種類

〔　　〕表現	話し手（書き手）が、話題の中の動作をする人を敬う表現。為手《して》尊敬。
〔　　〕表現	話し手（書き手）が、話題の中の動作を受ける人を敬う表現。受け手尊敬。
〔　　〕表現	話し手（書き手）が、話題にかかわりなく聞き手（読み手）を敬う表現。聞き手尊敬。

品詞　敬語には、動詞・補助動詞と、助動詞「る」「らる」「す」「さす」「しむ」、「主上《しゆじやう》」「行幸《ぎやうかう》」などの名詞、「御」などの接頭語、「―殿」「―君」などの接尾語がある。

敬語の理解

誰から誰への敬意を表しているかをみきわめる。

地の文にある*
- **尊敬語**……書き手から動作をする人への敬意。
- **謙譲語**……書き手から動作を受ける人への敬意。
- **丁寧語**……〔　　〕から読み手への敬意。

会話文にある
- **尊敬語**……話し手から動作をする人への敬意。
- **謙譲語**……話し手から動作を受ける人への敬意。
- **丁寧語**……〔　　〕から聞き手への敬意。

***地の文**…会話・和歌以外の部分。

一　次の傍線部の口語の敬語表現について、⑴敬語の種類と、⑵誰から誰への敬意を表しているかを、例にならって答えよ。

五条《ごじょう》三位《さんみ》俊成《しゅんぜい》卿[例]の邸宅にいらっしゃって[①]、御覧になると[②]、門を閉じていて開かない。薩摩守忠度《さつまのかみただのり》は、馬から下り、自身で大声でおっしゃった[③]ことには、「（ここに伺いましたのに）特別の事情はございません[④]。三位（俊成）殿に申し上げ[⑤]たいことがあって、忠度が帰って参りました[⑥]。」

（平家物語・忠度都落）

五条の三位俊成卿[例]の宿所におはして[①]、見給へ[②]ば、門戸を閉ぢて開かず。薩摩守、馬より下り、みづから高らかにのたまひける[③]は、「別《べち》の子細候は[④]ず。三位殿に申す[⑤]べきことあつて、忠度が帰り参つて候ふ[⑥]。」

	(1)	(2)
例	尊敬語	作者　→　俊成
①		→
②		→
③		→
④		→
⑤		→
⑥		→

基本事項の整理 空欄に適語を補って整理しよう。

主な尊敬語・主な謙譲語

基本の語	尊敬語 （　）は訳語	謙譲語 （　）は訳語
あり をり	おはす おはします います ます いまそかり （いらっしゃる・おいでになる）	侍《はべ》り 候《さぶら(さうら)》ふ （おそばにお控えする）
仕《つか》ふ		つかまつる つかうまつる 侍り 候ふ （お仕えする）
聞く	きこす きこしめす （　　）	承る （お聞きする・伺う）
言ふ	のたまふ のたまはす 仰《おほ》す （おっしゃる）	申す 聞こゆ 聞こえさす （　　）
見る	御覧ず （　　）	
思ふ	おぼす おぼしめす （　　）	存ず （存じ上げる）
来《く》 行く	おはす おはします います ます いでます （いらっしゃる・おいでになる）	参る まうづ まかづ まかる （　　）
出《い》づ		まかづ まかる （　　）
与ふ	給《たま》（賜）ふ 給《た》（賜）ぶ （お与えになる）	参らす 参る 奉る （　　）

一 次の傍線部の敬語の種類を後から選び、記号で答えよ。

1 あとうが（荘子《さうじ》に）いはく、「いま五日ありて①おはせよ。」（宇治拾遺物語・一九六）

あとうが（荘子に）言うには、「もう五日たっておいでなさい。」

2 （源氏が夕顔に）「鬼なども我をば見許してむ。」と②のたまふ。（源氏物語・夕顔）

（源氏が夕顔に）「鬼なども私をきっと見逃すだろう。」とおっしゃる。

3 （道隆《みちたか》が）後《しり》の方《かた》を御枕《まくら》にて、不覚に③大殿籠《おほとのごも》りぬ。（大鏡・道隆伝）

（道隆が）牛車の後ろのほうを御枕として、前後不覚にお休みになってしまった。

4 （右馬頭《うまのかみ》が、親王《みこ》のいる）小野に④まうでたるに、比叡《ひえ》の山のふもとなれば、雪いと高し。（伊勢物語・八三段）

（右馬頭が、親王のいる）小野に参上したが、比叡山《ひえいざん》のふもとであるから、雪がたいそう高く積もっている。

5 （惟光《これみつ》が源氏に）筆など、御車とどむる所にて⑤奉れり。（源氏物語・澪標）

（惟光が源氏に）筆などを、御車を止めた所で差し上げた。

6 （大斎院が中宮に）「つれづれ慰みぬべき物語や⑥候ふ。」（無名草子・紫式部）

（大斎院が中宮に）「退屈を慰めるのによい物語がございますか。」

ア 尊敬語　イ 謙譲語　ウ 丁寧語

①	②	③	④	⑤	⑥

着る	召す　奉る（　　）	
食ふ　飲む	きこしめす　召す　参る　奉る（　　）	給ふ（いただく）
乗る	召す　奉る（　　）	
治む	しろしめす　しらしめす（　　）	
呼ぶ	召す（　　）	
知る	しろしめす　しらしめす（お知りになる）	
寝《い》ぬ　寝《ぬ》	大殿籠《おほとのごも》る（　　）	
す	あそばす（　　）	つかまつる　つかうまつる（してさしあげる・いたす）
補助動詞	おはす　おはします　います　ます　まします　給ふ（　　）	聞こゆ　聞こえさす　参らす　つかうまつる　奉る　給ふ（お…申し上げる・…てさしあげる）

丁寧語　丁寧語は「侍り」と「候ふ」のみ。

	基本の語	丁寧語　（　）は訳語
動詞	あり　をり	〔　　〕〔　　〕（あります・おります・ございます）
補助動詞		〔　　〕〔　　〕（…です・…ます・…でございます）

二 次の傍線部の敬語表現について、(1)敬語の種類と、(2)誰から誰への敬意を表しているかを、例にならって答えよ。

1（翁《おきな》が天人に）「また異所《ことところ》に、かぐや姫と申す①人ぞおはすらむ例。」（竹取物語・昇天）

（翁が天人に）「また別の所に、かぐや姫と申し上げる人がいらっしゃるのだろう。」

2（源氏は）人々近う参る②も、かたはらいたうおぼさる③。（源氏物語・葵《あおい》）

（源氏は）女房たちがそば近く参るのも、いたたまれなくお思いになる。

3（家来が源氏に）「夜更け侍り④ぬ。」と聞こゆれ⑤ど、なほ入り給は⑥ず。（源氏物語・明石）

（家来が源氏に）「夜が更けました。」と申し上げるが、やはりお入りにならない。

例	(1) 尊敬語	(2) 翁 → かぐや姫
①	(1)	(2) →
②	(1)	(2) →
③	(1)	(2) →
④	(1)	(2) →
⑤	(1)	(2) →
⑥	(1)	(2) →

注意すべき敬語表現

基本事項の整理　空欄に適語を補って整理しよう。

二方面に対する敬語　話し手が動作をする人と動作を受ける人の両方を同時に敬うとき、主として〔　　〕語＋〔　　〕語の順で、敬語を重ねて用いる。

例 **奉り給ふ**　参上なさる

例 **参り給ふ**　差し上げなさる

最高敬語　動作をする人が天皇など最高階級の人の場合のみ用いられる敬語を、〔　　〕敬語という。基本的に敬語を二つ重ねたもので、〔　　〕敬語ともいう。会話文の中では、最高階級の人以外にも、最高敬語が用いられていることがある。

❶一語の動詞になっているもの

例 **おはします**（おはす＋ます）　いらっしゃる

例 **おぼしめす**（おぼす＋めす）　お思いになる

❷動詞＋尊敬の助動詞＋尊敬の補助動詞

例 **帰らせ給ふ**　お帰りになる

例 **栄えさせ給ふ**　ご繁栄なさる

絶対敬語　動作を受ける人が最高階級の場合にのみ用いられる敬語を、〔　　〕敬語という。動詞は「奏す」と「啓す」のみ。

例 **奏す**　天皇・上皇に申し上げる

例 **啓す**　皇后・皇太子などに申し上げる

自敬表現　会話文などで、天皇が自分に対して敬意を表した表現を、〔　　〕表現（自尊表現）という。自分の動作に尊敬語を用いたり、相手の動作に謙譲語を用いたりする。

一　次の傍線部の敬語表現について、⑴敬語の種類と、⑵誰から誰への敬意を表しているかを、例にならって答えよ。

1 帝《みかど》、感に堪《た》へ（例）させ（①）給はず。（十訓抄・巻上）

帝は、感動を抑えることがおできにならない。

2 入道の宮の、「霧や隔つる」との（②）たまはせしほど、（源氏物語・須磨）

入道の宮（藤壺の宮）が、「霧や隔つる」とおっしゃったころが、

3 殿上人《てんじやうびと》、我も我もと（源氏に）（③）つかうまつり（④）給ふ。（源氏物語・澪標）

殿上人は、我も我もと（源氏に）お仕え申し上げなさる。

4 宮も、若き御心地《ここち》に、（明石の姫君を）いと心ことに思ひ（⑤）聞こえ（⑥）給へり。（源氏物語・藤裏葉《ふぢのうらば》）

東宮も、若いお気持ちに、（明石の姫君を）まことに格別にお思い申し上げていらっしゃる。

	⑴		⑵	
例	⑴	尊敬語	⑵	作者　→　帝
①	⑴		⑵	→
②	⑴		⑵	→
③	⑴		⑵	→
④	⑴		⑵	→
⑤	⑴		⑵	→
⑥	⑴		⑵	→

48 枕詞・序詞

基本事項の整理 空欄に適語を補って整理しよう。

枕詞と序詞

	枕詞	序詞
はたらき・性質	下の語にかかり、声調を整えたり荘厳さを与えたりする **習慣的・固定的**	下の語を導き出し、具体的なイメージを与える **創作的・即興的・個性的**
かかる語	〔　　　〕の語	決まっていない
音節数	普通〔　　　〕**音節**	普通**七音節**以上
口語訳	口語訳しない	口語訳する
例	**あかねさす**⇩紫　昼 **あしびきの**⇩山　峰 **あらたまの**⇩年　月 **ぬばたまの**⇩夜　黒 **ひさかたの**⇩光　月	序詞 (同音) 多摩川《たまがは》に**さらす**手作り**さらさらに**何そこの児《こ》のここだかなしき 多摩川に**さらす**手織りの布のように、**今さらながら**なぜあの娘がこうも愛しいのか。

その他の修辞①

句切れ……和歌の第五句以外に、〔　　　〕形や命令形、終助詞などがあって、文法的・内容的に切れ目があること。〔　　　〕句切れ、二句切れ、三句切れ、四句切れという。

本歌取り……古歌の一節を取り入れて、イメージを豊かにする技法。

体言止め……結句を体言(名詞)で止めて余情・余韻を高める技法。

見立て……事物を他の事物になぞらえる技法。

一 次の枕詞とそのかかる語を線で結べ。

1 くさまくら(草枕)・　　・着る　裾《すそ》
2 あづさゆみ(梓弓)・　　・旅　結《ゆ》ふ
3 からころも(唐衣)・　　・母　親
4 たまくしげ(玉匣)・　　・引く　張る
5 たらちねの(垂乳根の)・　　・ふた　開く

二 次の和歌に用いられている序詞を抜き出せ。

1 むすぶ手のしづくににごる山の井の飽《あ》かでも人に別れぬるかな　(古今集・四〇四)

水をすくう手から落ちるしずくですぐに濁ってしまう山の清水が、満足するほど飲めないように、十分にお話しできず飽き足りないうちに、あなたに別れてしまうことですね。

2 難波江《なにはえ》の葦《あし》のかりねのひとよゆゑみをつくしてや恋ひわたるべき　(千載集・八〇六)

難波江の葦の刈り根の一節《ひとよ》のような、旅の仮寝の一夜の契りのために、命をかけて生涯あなたを恋い続けるのだろうか。

1	2

基本事項の整理

空欄に適語を補って整理しよう。

掛詞 〔　　〕を利用し、一つの言葉で複数の意味を表す技法。

例 霞《かすみ》立ち木の芽も**はる**の雪降れば （古今集・九）

・「木の芽もはる」の文脈では、「はる」は〔　　〕（木ノ芽ガ）出ル・フクラム）の意味。

・「はるの雪降れば」の文脈では、「はる」は〔　　〕の意味。

↓「はる」が〔　　〕と〔　　〕との掛詞。

縁語 ある言葉と、意味上関係の深い言葉をことさらに用いる技法。

例 風をいたみ岩うつ**波**のおのれのみ**くだけ**てものを思ふころかな （詞花集・二一〇）

風が激しいので、岩を打つ波が（岩はそのままで）自分だけ砕け散るように、（つれない恋人に）私ばかりが心を砕いてもの思いをするこのごろだよ。

・「心乱れる・思い悩む」という内容を、〔　　〕で表現。

・恋の歌に、「岩うつ波――くだけ」のイメージが重なる。

↓〔　　〕が〔　　〕の縁語。

その他の修辞②

物の名（**隠し題**）……歌の中に物の名前を隠してよむ技法。

例 波の**打つ瀬見**れば （古今集・四二四） ↓**うつせみ**（空蟬）

折句……物の名前を一音ずつに分け、各句の頭に置いてよむ技法。

例 **小**倉山**峰**立ちならし**鳴**く鹿の**経**にけむ秋を**知**る人ぞなき （古今集・四三九）

↓**をみなへし**（女郎花）

小倉山の峰によく来て鳴くあの鹿がどんな秋を経てきたか知る人はいない。

一 次の和歌に用いられている修辞を、解答欄の形式にしたがって、漢字を用いて答えよ。

1 きりぎりす鳴くや霜夜《しもよ》のさむしろに衣《ころも》かたしきひとりかも寝む （新古今集・五一八）

こおろぎが鳴く、寒々とした霜夜に、粗末な敷物の上に片袖を敷いて、私はひとりさびしく寝ることかなあ。

2 夏虫を何かいひけむ心から我もおもひに燃えぬべらなり （古今集・六〇〇）

灯火に飛びこみ身を焼く夏の虫を、なぜおろかだなどと言ったのだろうか。私も自分から恋の思いに焦がれて燃えてしまいそうだ。

1	2
「さむしろ」は、〔　　〕と「さ筵」（「さ」は接頭語）との掛詞。	「おもひ」は、〔　　〕と「火」との掛詞。〔　　〕は「火」の縁語。

訂正情報配信サイト 35834-03
利用に際しては、一般に、通信料が発生します。

https://dg-w.jp/f/26265

古典文法ワークノート

2004年1月10日　初版　第1刷発行
2022年1月10日　改訂2版　第1刷発行
2025年1月10日　改訂2版　第3刷発行

編　者　第一学習社編集部
発行者　松　本　洋　介
発行所　株式会社　第一学習社

広　島：広島市西区横川新町7番14号　〒733-8521　☎082-234-6800
東　京：東京都文京区本駒込5丁目16番7号　〒113-0021　☎03-5834-2530
大　阪：大阪府吹田市広芝町8番24号　〒564-0052　☎06-6380-1391
札　幌：☎011-811-1848　仙　台：☎022-271-5313　新　潟：☎025-290-6077
つくば：☎029-853-1080　横　浜：☎045-953-6191　名古屋：☎052-769-1339
神　戸：☎078-937-0255　広　島：☎082-222-8565　福　岡：☎092-771-1651

書籍コード　35834―03

ISBN978―4―8040―3583―3

落丁・乱丁本はおとりかえします。
解答は個人のお求めには応じられません。

ホームページ　https://www.daiichi-g.co.jp/

文語動詞活用表

ページ	種類	行	語	語幹	未然形	連用形	終止形	連体形	已然形	命令形
9	四段	カ行	聞く	き	か	き	く	く	け	け
		ガ行	泳ぐ	およ	が	ぎ	ぐ	ぐ	げ	げ
		サ行	隠す	かく	さ	し	す	す	せ	せ
		タ行	立つ	た	た	ち	つ	つ	て	て
		ハ行	思ふ	おも	は	ひ	ふ	ふ	へ	へ
		バ行	遊ぶ	あそ	ば	び	ぶ	ぶ	べ	べ
		マ行	住む	す	ま	み	む	む	め	め
		ラ行	帰る	かへ	ら	り	る	る	れ	れ
11	下二段	ア行	得	（う）	え	え	う	うる	うれ	えよ
		カ行	明く	あ	け	け	く	くる	くれ	けよ
		ガ行	上ぐ	あ	げ	げ	ぐ	ぐる	ぐれ	げよ
		サ行	失す	う	せ	せ	す	する	すれ	せよ
		ザ行	混ず	ま	ぜ	ぜ	ず	ずる	ずれ	ぜよ
		タ行	捨つ	す	て	て	つ	つる	つれ	てよ
		ダ行	愛づ	め	で	で	づ	づる	づれ	でよ
		ナ行	連ぬ	つら	ね	ね	ぬ	ぬる	ぬれ	ねよ
		ハ行	経	（ふ）	へ	へ	ふ	ふる	ふれ	へよ
		バ行	比ぶ	くら	べ	べ	ぶ	ぶる	ぶれ	べよ
		マ行	集む	あつ	め	め	む	むる	むれ	めよ
		ヤ行	覚ゆ	おぼ	え	え	ゆ	ゆる	ゆれ	えよ
		ラ行	恐る	おそ	れ	れ	る	るる	るれ	れよ
		ワ行	植う	う	ゑ	ゑ	う	うる	うれ	ゑよ
	二段	カ行	尽く	つ	き	き	く	くる	くれ	きよ
		ガ行	過ぐ	す	ぎ	ぎ	ぐ	ぐる	ぐれ	ぎよ
		タ行	落つ	お	ち	ち	つ	つる	つれ	ちよ
		ダ行	恥づ	は	ぢ	ぢ	づ	づる	づれ	ぢよ

文語助詞の意味・用法・接続

種類	助詞	ページ	意味・用法（ ）は訳語	接続
格助詞	が	36	主格（…ガ、…ノ）連体修飾格（…ノ）体言の代用（…ノ、…ノモノ、…ノコト）同格（…デ）	体言・連体形
	の	36	主格（…ガ、…ノ）連体修飾格（…ノ）体言の代用（…ノ、…ノモノ、…ノコト）同格（…デ）比喩（…ノヨウニ）	
	へ		方向（…ヘ）	体言
	を		対象（…ヲ）起点（…ヲ、…カラ）通過する場所（…ヲ、…ヲ通ッテ）継続する期間（…ヲ、…ノ間ヲ）	体言・連体形
	に	37	時間・場所（…ニ、…デ）方向（…ニ）帰着点（…ニ）変化の結果（…ニ）対象（…ニ）目的（…ニ、…ノタメニ）手段・方法（…デ、…ニヨッテ）原因・理由（…ノタメニ、…ニヨッテ）比較の基準（…ト比ベテ、…ヨリ）使役の対象・受身の相手（…ニ）資格・状態（…トシテ、…デ、…ニ）強調（ヒタスラ…、ヒドク…）累加・添加の基準（…ニ、…ノ上ニ）内容（…ト、…トシテ）	
	と	38	動作をともにする相手（…ト）変化の結果（…ト、…ニ）比較の基準（…ト、…ニ比ベテ）引用・内容（…ト、…ト言ッテ、…トシテ、…ト思ッテ）並列（…ト…ト）比喩（…ノヨウニ）強調（…スベテ）	体言・引用句
	にて	37	場所・年齢（…デ）手段・方法・材料（…デ、…ニヨッテ）原因・理由（…デ、…ニヨッテ）資格・状態（…トシテ、…デ、…ニ）	
接続助詞	が に を	40	逆接の確定条件（…ノニ、…ケレドモ、…ガ）順接の確定条件（…カラ、…ノデ）単純接続（…ガ、…トコロ）	連体形
	で	40	打消（…ナイデ、…ズニ）	未然形
	つつ	40	反復・継続（…テハ、…続ケテ）並行（…ナガラ、…ツツ）	連用形
	ながら	40	存続（…ママデ）並行（…ナガラ、…ツツ）逆接の確定条件（…ノニ、…ケレドモ、…ガ）	
副助詞	だに	41	程度の軽いものを示して、より程度の重いものを類推させる（…サエ）最小限の限定（セメテ…ダケデモ）	種々の語
	すら	41	一つのものを示して、それ以外のものを類推させる（…サエ）	
	さへ	41	添加（…マデモ）	
	のみ	41	限定（…ダケ）強意（ヒドク…、トクニ…）	
	ばかり	41	限定（…ダケ、…バカリ）およその程度（…クライ、…ホド）	
	まで		限界（…マデ）程度（…マデ、…ホド）	
	など		例示（…ナド）引用句を受ける（…ナドト）婉曲（…ナド）	
	し しも	41	強意、（下に打消を伴い）部分否定（必ズシモ…〈デハナイ〉）	
係助詞	ぞ なむ こそ	42	強意	
	や〈やは〉 か〈かは〉	42	疑問（…カ）反語（…ダロウカ、イヤ、…デハナイ）	
	は		提示（…ハ）対比（…ハ）強調（…ハ）	
			並列（…モ…モ）添加（…モ、…モマタ）	